次代を創る教師論

小池俊夫・長野雅弘 編著

学文社

まえがき

　「日本国憲法」の施行，そしてその精神に立つ「教育基本法（旧法）」「学校教育法」に基づいて，わが国の戦後教育が始まってから70年が経った。人間の70歳は，今では珍しくはなくなったものの，「古稀」は人生の節目として重い。同時に，疲労して病んだり，さまざまな歪みも生じる。教育も同じだ。

　「学習指導要領」の改訂，教職課程の再課程認定をはじめとする教師養成の改革，大学入試の変更などと，21世紀初期における大きな教育改革が進められている。そのなかで，何よりも重視しなければならないのは，教育の本質と教師の心を十分に理解して，資質・力量に優れた教師を育てることである。

　本書は，読者として次の2種類の方たちを想定して編んだ。

　まずは，いうまでもなく教師という仕事をめざして，大学などの教職課程を履修している学生のみなさんである。免許状科目の「教職の意義及び教員の役割・職務内容（チーム学校運営への対応を含む。）」を中心として，「教育の基礎的理解に関する科目」を学ぶうえでのテキストとして，基礎・基本から発展にいたるまでの，さまざまな関心や疑問に応え，探究を広げ深めることができるように構成した。

　また，教師として何年かの経験を積み重ね，もはや新人ではなく，ある程度自信をもって仕事に臨めるようになるとともに，それに伴って新たな難問に直面し，不安も感じはじめた現職の方々の研修テキストとして活用していただくことも前提としている。どんな仕事であっても，慣れてきた時期をどのように過ごすのかは，その後の生き方を左右することにもなり重要である。生涯にわたって，絶えず学びつづけ，自己実現を図ることを求められている教師にとっては，なおさらである。法令で義務づけられたり，制度化されているから応じるわけではなく，はじめての免許状更新が近づいているから仕方なくでもなく，大学時代に「教師になる」と決意したときの思い（初心）に立ち返り・ふり返り，自ら求めて学ぶものでなければならない。その手がかり提供にも意を

用いた。

　加えて本書は，全国すべての大学の教職課程で共通に修得すべき学習内容である教職課程コアカリキュラムに対応し，その達成にも配慮している。教職課程コアカリキュラムについては，これが再課程認定の基本として急に使用されることになったこともあり，批判的受け止めも多い。しかし，全国的な水準の確保自体は，力ある教師の養成にとって欠かせない。大切なのは，教職課程コアカリキュラムに引きずられたり，依存したりしない姿勢である。「地域や学校現場のニーズに対応した学習内容」や「大学の自主性や独自性を発揮した学習内容」（「教員の免許状授与の所要資格を得させるための大学の課程認定申請の手引き・平成31年度開設用」文部科学省）が同時に求められていることにこそ着目すべきである。いかに自主性を発揮し，能動的（アクティブ）に学べる教職課程であるかが問われているのである。これは大学にだけではなく，学ぶ側の学生や現職の教師にも求められている。

　以上の考え方を4人の執筆者は議論のうえで共有し，「人間である教師」の普遍的な役割を重視し，時代と場所を超え，子どもと正対して力と心を尽くす「不易」を何よりも大切にする教師の育成に，いささかでも貢献できればとの願いで一致した。

　テーマ別に9章で構成しているが，必要性や興味・関心に応じて，どの章から読まれても学習できるものになっている。本書が，教育と子どもを心から愛し期待して，個性豊かで魅力ある，次代を創る教育の創造的な実践者となるために，読者のお役に立てるならば，大きな喜びである。

2018年4月20日（穀雨）

小　池　俊　夫

目　次

まえがき　i

プロローグ　教師をめざすということ …………………………………… 1
第1章　何のための教師 …………………………………………………… 3
第2章　子どもと関わり・交わる教師 …………………………………… 19
第3章　いじめ・不登校に向き合う教師 ………………………………… 37
第4章　大人とかかわる教師 ……………………………………………… 51
第5章　カリキュラム・授業を創る教師 ………………………………… 61
第6章　学級（クラス）を創り育てる教師 ……………………………… 74
第7章　心のたくましい教師・特別なニーズに応える教師 …………… 86
第8章　国や社会が求める教師 …………………………………………… 105
第9章　学びの専門家としての教師 ……………………………………… 116
エピローグ　人間教師になるということ ……………………………… 128

あとがき　137
巻末資料　139
索　引　151

教師をめざすということ

1 「さあ，私たちの子どもたちに生きようではないか！」

　見出しの言葉は，フレーベル (Frobel, F.W.A.) の墓碑銘[1]である。教師は，子どもたちのために・子どもたちとともに生きるものである。それは，単純に「子どもがかわいい，好きだ」という浅いレベルのことではない。子どもを心から愛し，耳を傾け，善くしたいと願うことであり，何よりも「人間に，尽きせぬ魅力」を感じることができる力をもつことである。

① 目先の利益や短期間での結果（高校や大学入試の結果，就活の成果など）を追うのではなく，子どもの成長と変容を信じ・期待して，子どもと辛抱強く向き合えること。

② 担当教科や教育全般に関してはもちろん，世の中のあらゆる出来事，問題や課題に強い興味・関心を抱き，生涯にわたって学びつづけることができ，それを喜びとすること。

③ 教育に牧歌的な幻想を描き，理想がすぐに実現するかのような過度の期待をもつと，幻滅して挫折する。だが，否定的，悲観的に捉えることもせず，常に理想を忘れず，夢を抱いて前向きであること。

④ 教師は歳を重ねるが，目の前の子どもたちは，いつも同年代。過去からも学びつつ，現在（いま）と未来に目を向けることができること。教師は「いつも青春時代」を生きるもの。

⑤ 人が好きで，世話を焼き，お節介である。疎われても諦めずに口を出す。何よりも，自分のことは後回しにして，「子どもファースト」を貫くこと。

　この5つの項目に複数該当すれば，教師になる有資格者である。現職の方で，

▎(1) フレーベル，F.／荒井武訳 (1964)『人間の教育　上』岩波書店，p.119

1

日々の仕事に苦痛を感じることがあれば，これをチェックシートにして，点検していただければよい。きっと，光が見え勇気が湧いてくるに違いない。

2 「こんな教師に私はなりたい。」

「教職研究」という科目（教職の意義等に関する科目）で，選挙公約に模して「教師としてのマニフェスト」を作成させてきた。教師像イメージの具体化だが，提出学生のほとんどが，教科に関する知識やICT技術などよりも，「人間教師」の面を強調してうたっている。下図はその代表例の1つであり，前節で述べたこととも符合する。AIの高度な発達により，「10年後になくなる職業」を研究者やマスコミが予測しているが，いずれにも「教師」は見当たらないことにも納得できるものである。

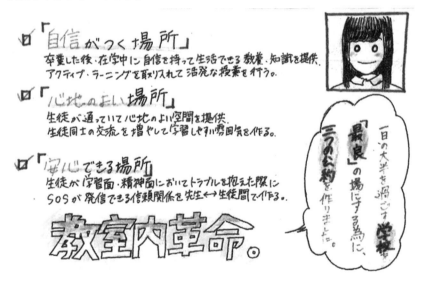

図 0.1　「私のマニフェスト」(山田萌々華)[2]

(2) 2017年度成蹊大学文学部3年生。1年次の授業で提出されたマニフェスト。目下教師をめざして奮闘中だが，この「思い」に変化はないという。

第1章

何のための教師

　読者は,「教師になりたい」, 少なくとも教員免許状は取得したいとの希望と意志をもって教職課程を履修しているか, 教師の職を得ているかであろう。幼いころから教師をめざしてきた人も多いだろう。いったい, 教師とはどんな仕事だと考えているのだろうか。現実に埋まらず, 真実を見つめていこう。

　大学で学び進め, 現場で経験を重ねるにつれ, 光り輝いて見えた教師という職業に, 大きな影が被さってきてはいないだろうか。授業ができればいい, 部活に情熱を注げばいいではすまない。就活の場合は, 誰もが周到に企業リサーチをするのに, 学校研究・教師研究はどうだろう。教師とは何か, なぜ教師が必要なのか。コンピューターでは代替できないのか。この章では, こうした本質的な問いに向き合っていくことにする。

1 教師の仕事は「あれも・これも」

(1) 教師に求められる必要条件と十分条件

　いうまでもなく,「教えること」は教師の役割の中核である。「深い知識や洞察力」をもち,「わくわくさせる世界をもって, 子どもの目線で教え」,「一方的ではなく, 子どもの意見を聴きいっしょに考える」教師の授業を誰もが求めている。「子どもの相談に親身に応じる」ことも,「部活指導に熱心で, 強いチームを育てる」ことも大切なことだが, それが授業の不十分さや, 手抜きの言い訳にはならない。これをはき違えてはいけない。

　こうした授業力を培うために,「教科及び教科の指導等に関する科目」(教科教育法)で, 担当教科の目標と内容を徹底的に理解し, 模擬授業の作成とふり

3

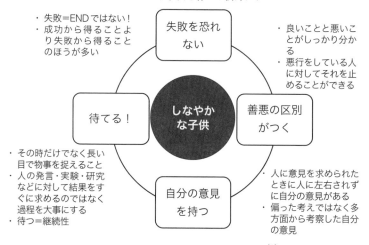

図 1.1 「私のマニフェスト」(鈴木晴子)[1]

返りを通して，授業設計，情報機器その他教材の効果的な活用を習得しなければならない。これが必要条件である。

　しかし，授業以外にも教師に求められることは多い。そのため，「学習環境のデザイナーの力」「自身が学習メディアまたは学習モデルである力」「学習のプロンプター（案内人）の力」「カウンセラーの心で接する力」「子どもとライバルになる力」などをもち，それを磨くことは，十分条件として欠かせない。プロローグにもあげたが，教職履修学生のもう1つのマニフェストを図1.1に示す。必要条件と十分条件は，対立するものでなく，統合されて機能することを教師志望の学生は気づいている。

(2) 教育実習で求められる多様な力

　たった3週間ばかりの教育実習は，「はじめの一歩」でしかない。授業実習ばかりに夢中になりがちであるが，それがすべてではない。実習の場には教師の仕事が凝縮されている。あれもしなければ，これも見ておきたい…。眩いほ

[1] 2017年度成蹊大学経済学部2年生。1年次の授業で提出されたマニフェスト。

表 1.1 「教育実習の評価内容」の例

評価項目	評価内容と観点	評　価
A. 指導計画の立案	1. 教材研究の熱心さ・周到さ 2. 指導目標の正確な把握と具体化への努力 3. 生徒や地域社会の実態への配慮 4. 学習指導案作成の周到さと技術 5. 教科書及び学習・指導メディアの準備と活用の適切さ	
B. 指導の技術	1. 生徒の学習への動機づけ 2. 参加型，活動的で，効果的な学習展開への配慮 3. 授業での出来事への臨機応変な処置 4. 全体の中での個別指導への配慮 5. 言葉づかい・発声法・板書・態度（身ぶり手ぶりや表情など）	
C. 生徒の評価	1. 評価方法・技術の適正さ 2. 評価結果の処理・分析の技術 3. 評価結果の適切な活用と指導への反映	
D. 生徒理解と指導	1. 生徒の適切な理解・把握と支援・助言 2. 学級における集団への指導 3. 生徒会，各種委員会，部活動やホームルーム活動などへの参加と指導	
E. 学習環境の整備	通風，採光など教室環境の整備と，清掃など清潔・美化への配慮	
F. 学級事務の処理	学級に関する帳簿や記録作成の確実さ，丁寧さと保管や活用の姿勢	

注）評価は，A（90〜100点），B（80〜89点），C（70〜79点），D（60〜59点），E（不合格）で記入してください。
出所）「昭和女子大学・教育実習成績評価表（中学校・高等学校用）」抜粋

どの忙しさのなかで，生身の教師を実感してほしい。表 1.1 に「教育実習の評価内容」を示したが，実際の教師生活は，この範囲にはとどまってはいない。

2 聖職者と労働者のアウフヘーベン

(1) 聖職者観は過去の亡霊？

「聖職者」とは，何らかの宗教において，人々を教え，説き，導く役割を果たす神聖な職業をさす。キリスト教（プロテスタントでは万人司祭の考えのため牧師を聖職者とは呼ばない。カトリック，正教会，聖公会で司祭などが対象である）で用いられることが多いが，拡大すれば仏教やイスラム教などでもいえる。神と人とを取りもち，魂への働きかけをする仕事である。

日本では，「小学校教員心得」（1881（明治 14）年）において，「人として，単に善良なだけではなく，最も善良な性行を備えていなければならない」とされていて，派生的に教師は聖職者と同一と考えられてきた。そして，国民の「尊

5

王愛国の士気を振起」させ，国家に奉仕するものへとつなげられた。過去の歴史に学べば，聖職者は適切な表現ではないだろう。

しかし，ただ知識の伝達にはとどまらないこと，昨今の教師によるセクハラなどを考えれば，言葉本来の意味での「聖職」とは無縁だと切り捨てることはできない。「教育基本法」も教師に「自己の崇高な使命を深く自覚」（第9条）することを求めている。

(2) 労働者としての権利と崇高な使命

「労働基準法」第9条では，「職業の種類を問わず，事業又は事務所に使用される者で，賃金を支払われる者」を「労働者」と定義づけている。教師も紛れもなく労働者である。日本国憲法が保障する諸権利（人権）は，当然守られなければならない。

しかし，それぞれの職業には固有の特性があり，十把一絡げにすることはできない。あらゆる社会事象で，二者択一が妥当するわけではない。むしろ極端な一辺倒は危険でもある。個人の立場と教師の立場，子どものために考える範囲と限界などを見極め，適切に判断・選択できることが必要になる。ときには何かを犠牲にしなければならないこともある。その判断力こそ，教師の力である。

ヘーゲル（Hegel, G.W.F.）が提唱した弁証法の概念を借りれば，アウフヘーベン（止揚）することが必要である。聖職者としての要素を一切欠いた教師に，モノではない人創りができるだろうか。権利としての主張と，職務としての責任とを混同してはいけない。

3 世界一働く日本の教師

教師の労働時間が問題になっている。OECD（経済開発協力機構）が世界34の国と地域の中学校教師を対象に行った「国際教員指導環境調査」（2008年に次いで第2回調査を2013年に実施。日本は今回初参加）では，表1.2に示したように，仕事時間の合計は最長で，参加国平均の1.4倍強となっている。なかでも，

表 1.2 教師の勤務時間国際比較

国名	仕事時間の合計 平均 (S.E.)	指導(授業)に使った時間 平均 (S.E.)	学校外での個人で行う授業の計画や準備に使った時間 平均 (S.E.)	学校内での同僚との共同作業や話し合いに使った時間 平均 (S.E.)	生徒の課題の採点や添削に使った時間 平均 (S.E.)	生徒に対する教育相談(例えば生徒の指導、キャリアカウンセリング、非行防止指導を含む)に使った時間 平均 (S.E.)	学校運営業務への参画に使った時間 平均 (S.E.)	一般的事務業務(連絡事項、書類作成、その他の事務業務を含む)に使った時間 平均 (S.E.)	保護者との連絡に使った時間 平均 (S.E.)	課外活動の指導(例:放課後のスポーツ活動や文化活動)に使った時間 平均 (S.E.)	その他の業務に使った時間 平均 (S.E.)
オーストラリア	42.7 (0.5)	18.6 (0.3)	7.1 (0.2)	3.5 (0.1)	5.1 (0.1)	2.3 (0.1)	3.1 (0.2)	4.3 (0.1)	1.3 (0.1)	2.3 (0.1)	2.2 (0.1)
ブラジル	36.7 (0.4)	25.4 (0.2)	7.1 (0.2)	3.3 (0.1)	5.7 (0.2)	2.4 (0.1)	1.7 (0.1)	1.8 (0.1)	1.7 (0.1)	2.4 (0.1)	2.2 (0.1)
ブルガリア	39.0 (0.4)	18.4 (0.2)	8.1 (0.2)	2.5 (0.1)	3.0 (0.1)	1.7 (0.1)	1.1 (0.1)	1.8 (0.1)	1.7 (0.1)	2.0 (0.1)	1.7 (0.1)
クロアチア	29.2 (0.8)	26.7 (0.4)	5.8 (0.4)	2.8 (0.1)	4.5 (0.1)	1.8 (0.1)	2.7 (0.1)	2.9 (0.1)	2.0 (0.1)	2.0 (0.1)	2.2 (0.1)
キプロス	39.6 (0.2)	19.6 (0.1)	9.7 (0.1)	2.1 (0.1)	4.1 (0.1)	2.4 (0.1)	2.3 (0.1)	2.9 (0.1)	1.5 (0.1)	2.0 (0.1)	1.8 (0.1)
チェコ	33.1 (0.3)	16.2 (0.2)	7.3 (0.1)	2.7 (0.1)	3.9 (0.1)	1.8 (0.1)	0.5 (0.0)	2.6 (0.1)	1.7 (0.1)	2.5 (0.1)	1.8 (0.1)
デンマーク	39.4 (0.3)	17.8 (0.1)	8.3 (0.1)	2.7 (0.1)	4.5 (0.1)	2.0 (0.1)	1.1 (0.1)	2.4 (0.1)	1.7 (0.1)	1.3 (0.1)	1.4 (0.1)
エストニア	40.0 (0.4)	18.9 (0.2)	7.9 (0.1)	3.3 (0.1)	4.5 (0.1)	1.8 (0.1)	0.9 (0.0)	2.7 (0.1)	1.7 (0.1)	2.5 (0.1)	2.3 (0.1)
フィンランド	36.1 (0.3)	20.9 (0.2)	6.9 (0.1)	2.1 (0.1)	3.3 (0.1)	1.5 (0.1)	0.9 (0.1)	2.3 (0.1)	1.3 (0.1)	1.9 (0.1)	1.5 (0.1)
フランス	31.6 (0.4)	20.6 (0.2)	4.8 (0.1)	1.9 (0.1)	4.3 (0.1)	2.1 (0.1)	0.8 (0.0)	1.3 (0.1)	1.2 (0.0)	0.6 (0.0)	1.0 (0.1)
アイスランド	36.5 (0.3)	18.6 (0.1)	7.5 (0.1)	1.9 (0.1)	5.6 (0.1)	1.2 (0.1)	0.7 (0.0)	2.0 (0.1)	1.4 (0.1)	1.0 (0.0)	1.1 (0.1)
イスラエル	35.0 (0.4)	19.0 (0.2)	7.3 (0.2)	3.3 (0.1)	3.2 (0.1)	1.4 (0.1)	1.2 (0.1)	1.3 (0.1)	1.4 (0.1)	1.1 (0.1)	2.3 (0.1)
イタリア	30.7 (0.4)	18.3 (0.1)	5.2 (0.1)	2.7 (0.1)	4.2 (0.1)	1.0 (0.1)	0.7 (0.0)	1.9 (0.1)	1.8 (0.1)	1.7 (0.1)	3.8 (0.1)
イタリア	29.4 (0.3)	17.3 (0.1)	5.0 (0.1)	3.1 (0.1)	4.2 (0.1)	1.0 (0.0)	0.5 (0.0)	1.8 (0.0)	1.4 (0.0)	0.8 (0.0)	0.7 (0.0)
日本	53.9 (0.4)	17.7 (0.1)	8.7 (0.1)	3.9 (0.1)	4.6 (0.1)	2.7 (0.1)	3.0 (0.1)	5.5 (0.1)	1.3 (0.0)	7.7 (0.2)	2.9 (0.1)
韓国	37.0 (0.4)	18.8 (0.2)	7.7 (0.2)	3.2 (0.1)	3.9 (0.1)	4.1 (0.1)	2.2 (0.1)	6.0 (0.2)	2.1 (0.1)	2.7 (0.1)	2.6 (0.1)
ラトビア	36.1 (0.4)	19.2 (0.3)	6.4 (0.2)	2.3 (0.1)	4.6 (0.1)	1.9 (0.1)	1.0 (0.1)	2.4 (0.1)	1.5 (0.1)	2.1 (0.1)	1.4 (0.1)
マレーシア	45.1 (0.7)	17.1 (0.3)	6.4 (0.2)	4.1 (0.1)	7.4 (0.2)	2.9 (0.1)	5.0 (0.2)	5.7 (0.2)	2.4 (0.1)	4.9 (0.1)	4.3 (0.1)
メキシコ	33.6 (0.6)	22.7 (0.4)	6.2 (0.2)	2.4 (0.1)	2.8 (0.1)	2.1 (0.1)	1.3 (0.1)	2.2 (0.1)	1.9 (0.1)	1.3 (0.1)	2.5 (0.1)
オランダ	35.6 (0.4)	16.9 (0.2)	5.1 (0.1)	3.1 (0.1)	4.2 (0.1)	2.1 (0.1)	1.1 (0.1)	2.2 (0.1)	1.0 (0.1)	0.8 (0.1)	1.4 (0.1)
ノルウェー	38.3 (0.5)	15.0 (0.1)	6.5 (0.1)	3.1 (0.1)	5.2 (0.1)	2.2 (0.1)	1.3 (0.1)	2.8 (0.1)	2.2 (0.1)	2.4 (0.1)	1.9 (0.1)
ポーランド	36.8 (0.5)	18.6 (0.2)	5.5 (0.1)	2.2 (0.1)	3.7 (0.1)	2.6 (0.1)	0.9 (0.1)	2.5 (0.1)	1.3 (0.1)	2.4 (0.1)	2.6 (0.1)
ポルトガル	44.7 (0.3)	20.8 (0.1)	8.5 (0.1)	3.7 (0.1)	9.6 (0.1)	2.6 (0.1)	1.8 (0.1)	3.8 (0.1)	1.8 (0.1)	2.3 (0.1)	1.8 (0.1)
ルーマニア	35.7 (0.4)	16.2 (0.2)	8.0 (0.1)	2.3 (0.1)	3.4 (0.1)	2.1 (0.1)	0.9 (0.1)	1.5 (0.1)	1.6 (0.1)	2.2 (0.1)	1.8 (0.1)
セルビア	34.2 (0.3)	18.4 (0.2)	7.9 (0.1)	1.9 (0.1)	3.6 (0.1)	1.8 (0.1)	0.8 (0.0)	2.1 (0.1)	1.6 (0.1)	3.4 (0.1)	2.7 (0.1)
シンガポール	47.6 (0.4)	17.1 (0.1)	8.4 (0.1)	3.6 (0.1)	8.7 (0.1)	2.6 (0.1)	1.9 (0.1)	5.3 (0.1)	1.6 (0.1)	2.0 (0.1)	1.6 (0.1)
スロバキア	37.5 (0.4)	19.9 (0.2)	7.5 (0.1)	2.3 (0.1)	3.5 (0.1)	1.9 (0.1)	1.4 (0.1)	2.7 (0.1)	1.5 (0.1)	1.0 (0.1)	1.6 (0.1)
スペイン	37.6 (0.3)	18.6 (0.2)	6.6 (0.1)	2.7 (0.1)	4.3 (0.1)	1.5 (0.1)	0.8 (0.0)	1.8 (0.1)	1.8 (0.1)	1.0 (0.0)	1.5 (0.1)
スウェーデン	42.4 (0.2)	17.6 (0.1)	6.7 (0.1)	3.5 (0.1)	4.7 (0.1)	2.7 (0.1)	0.8 (0.0)	4.5 (0.1)	1.8 (0.1)	0.4 (0.0)	1.7 (0.1)
参加国平均	**38.3 (0.1)**	**19.3 (0.0)**	**7.1 (0.0)**	**2.9 (0.0)**	**4.9 (0.0)**	**2.2 (0.0)**	**1.6 (0.0)**	**2.9 (0.0)**	**1.6 (0.0)**	**2.1 (0.0)**	**2.0 (0.0)**
地域としての参加											
アブダビ(アラブ首長国連邦)	36.2 (0.5)	21.2 (0.5)	7.6 (0.2)	3.8 (0.2)	5.4 (0.1)	3.3 (0.1)	2.7 (0.1)	3.3 (0.1)	2.6 (0.1)	2.5 (0.1)	2.1 (0.1)
アルバータ(カナダ)	48.2 (0.5)	26.4 (0.3)	7.5 (0.2)	3.0 (0.1)	5.5 (0.1)	3.3 (0.1)	2.2 (0.1)	3.2 (0.1)	1.7 (0.1)	3.6 (0.1)	1.9 (0.1)
イングランド(イギリス)	45.9 (0.4)	19.6 (0.2)	7.8 (0.1)	3.3 (0.1)	6.1 (0.1)	1.7 (0.1)	2.2 (0.1)	4.0 (0.1)	1.6 (0.1)	2.2 (0.1)	2.3 (0.1)
フランドル(ベルギー)	37.3 (0.3)	19.1 (0.1)	6.3 (0.1)	2.1 (0.0)	4.9 (0.1)	2.1 (0.0)	1.6 (0.0)	2.4 (0.1)	0.7 (0.0)	1.4 (0.0)	1.4 (0.0)
アメリカ	44.8 (0.4)	26.8 (0.2)	7.2 (0.2)	3.5 (0.1)	4.7 (0.1)	2.7 (0.1)	3.3 (0.1)	3.3 (0.1)	1.8 (0.0)	3.6 (0.1)	7.0 (0.4)

注1) 教員の報告による。直近の「通常の一週間」において、各項目の仕事に従事した時間(1時間=60分換算)の平均。「通常の一週間」とは、休暇や休日、病気休業などによって勤務時間が短くならなかった一週間のこと。週末や夜間など就業時間外に行った仕事を含む。教員による複数の設問への回答を基にしており、それぞれの仕事に要した時間の合計と「仕事時間の合計」(非常勤教員を含む)の平均であることに注意

注2) 指導(授業)、授業の準備や計画、採点や添削、同僚との共同作業や話し合い、職員会議への参加、大学校でのその他の教育に関する業務を含む。

出所) OECD「国際教員指導環境調査」(TALIS2013), 2014年6月発表(2)

(2) 国立教育政策研究所編(2014)『教員環境の国際比較』明石書店から引用した。

「課外活動の指導」に当てられるのは参加国平均の3.7倍弱に達している。「学校は最大の過重労働の場」だとの声も上がる。文部科学省も「緊急対策」で，教師の業務範囲・勤務時間の指針づくりを示した（2017年12月26日）。

この結果を読み取るうえで，興味深い事実がある。同じ調査の「教員の自己効力感と仕事に対する満足度」の項目で，日本の教師の現在の職務状況や職場環境への満足度は，全体として，参加国平均を下回っているが，「全体として見れば，この仕事に満足している」と回答する教師の割合は高いのである。一方で校長の仕事に対する満足度は，参加国平均よりも低い傾向にある。また，日本では，女性教師よりも男性教師のほうが自己効力感，仕事への満足度が高く，ほかの参加国とは逆の傾向が示された。さらに，考え深めてほしい。

調査で際立って目立った「課外活動の指導」では，とくに運動部活動の顧問を務める教師の負担がクローズアップされる。スポーツ庁が行った調査[3]によれば，中学校の顧問教師の部活への悩みとして，「公務が忙しくて思うように指導できない」(54.7％)，「公務との両立に限界を感じる」(47.9％)，「自身の指導力の不足」(45.1％) が高い水準を示し，「心身の疲労・休息不足」を訴える勤務時間の長短という数字的な視点だけでは判断できない，教師の世界がうかがえる。女性の働く環境の問題は，教師に限ったことではない。「女性が輝く社会」という耳当たりのよいキャッチフレーズや，待機児童ゼロ・幼児教育費無償の目標では解決できそうにない。それでも多くの教師は，上司に命じられるから，ノルマを課せられるからではなく，働いているのである。

4 「チームとしての学校」と協働する教師

(1) 教師は教育の専門家

前節でみたように，教師の「激務」と呼ぶべき実態には，文部科学省も緊急の対応を急いでいる。公立中学校の場合，連日半日以上は学校にとどまってい

---

[3] 平成29年度「運動部活動等に関する実態調査」。運動部活動の実態と教師，生徒，保護者の意識把握のため，スポーツ庁が公立中・高等学校845校を対象に実施。

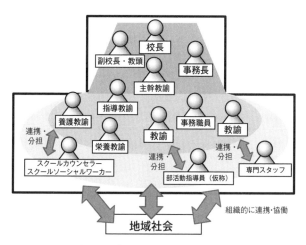

図 1.2 「チームとしての学校」像

注）専門スタッフとして想定されるものについては，本答申の 22 ページを参照。また，地域社会の構成員として，保護者や地域住民等の学校関係者や，警察，消防，保健所，児童相談所等の関係機関，青少年団体，スポーツ団体，経済団体，福祉団体等の各種団体などが想定される。
出所）中央教育審議会答申（2015 年 12 月 21 日）

る。これに通勤時間が加算され，帰宅後も仕事が待っている。にもかかわらず授業とその準備に用いる時間は，OECD 調査でも参加国の平均値でしかない。

新任教師でも，部活動の指導に追われ，授業準備の時間も取れないといった本末転倒の現状は改めなければならない。加えて，「子供を取り巻く状況の変化や複雑化・困難化した課題に向き合うため，教職員に加え，多様な背景を有する人材が各々の専門性に応じて，学校運営に参画」[4]することで，学校の教育力を向上させ，多様な大人と接することによって，子どもたちに「厚みのある経験」を積ませ，本当の「生きる力」をはぐくむために，「チームとしての学校」構想が示されている（図1.2）。図1.3 に教師の役割分担変化のイメージ図を示す。そこでの教師の役割は，学習指導と生徒指導の本来の仕事に集中することになるとされる。

ところで，本節のタイトルには「協働」を用いた。同じように「きょうどう」

---

(4) 中央教育審議会「チームとしての学校の在り方と今後の改善方策について（答申）」(2015 年 12 月 21 日)

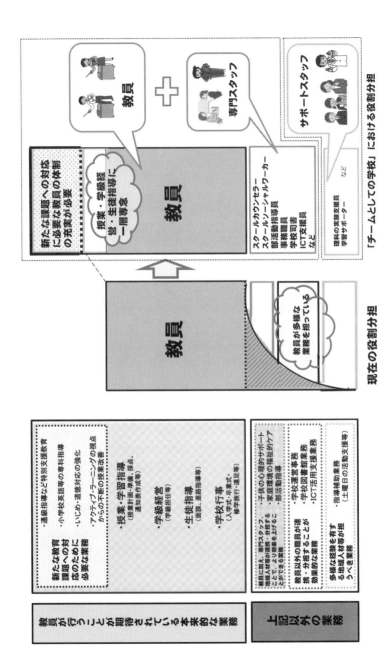

図 1.3 「チームとしての学校」の実現による学校の教職員等の役割分担の転換について

出所）中央教育審議会答申（2015 年 12 月 21 日）

第 1 章 何のための教師

と発音する文字には,「共同」や「協同」もある。同一線上の言葉ではあるが,共同は,一般的に広く「一緒に事を行うこと」を,協同は「力と心を合わせて,一緒に事に当たること」を意味する。これに対して協働は,「複数の対等な主体が,目的を実現するために互恵的な相互依存関係のなかで,一緒に事に当たること」である。簡潔にいえば,"協働⊃協同⊃共同"となるだろう。

アクティブ・ラーニングに注目が集まるなかで,「協同学習」「協働学習」にも関心が寄せられている。大きくくくれば,「小集団（スモール・グループ）を活用して,自分の学習と互いの学習をより高め,グループとして意見整理を行い,統一した見解を作り上げようとする学習の形態」となる。ICT活用の方法の1つでもある。詳しくは,学習指導論の視点から,それぞれが探究していただきたい。

これまで,日本の教師は「専門家」であるとの意識も強く,すべてを一人で解決しよう・しなければならないという思いで努めてきた。担任する学級の子どもについては,完全に情報を把握し指導にあたろうとする。「学校は,企業などとは異なる世界」だとも考えてきた。ときには「学級王国」と呼ばれる,閉鎖的・独善的な対応が批判されることもあった。チーム・ティーチングも定着しにくい風土があった。そのような学校文化を改めていく契機となるだろうか。

(2)「船頭多くして船山に登る」危惧

あらゆることには,表と裏がある。「チームとしての学校」も手放しで歓迎できることばかりではない。多くの専門家が,それぞれの立場と知見を主張することで,判断が下しにくくなる可能性が出る。さまざまな会議の現実を思えばわかるだろう。責任の所在が曖昧になることはないだろうか。「いじめ」の検証などで採用される第三者機関が,子どもからは離れた,遠いところでの議論になってしまうことを,他山の石とするべきであろう。

教師が,子どもに最も近い存在であることを重視しなければならない。優先すべきは子どもであって組織の形態ではない。

5 子どもと出会い・関わり，物語を紡ぐ教師

　子どもは教師を選べないし，教師も子どもを選べない。出会いは偶然である。しかし，すべての人が，その人生のはじめの時期に必ず教師と出会う。これは必然である。望むと望まないとにかかわらず，必ず関わりをもつ，特殊な職業でもある。この出会いを，前向きに，積極的に受け止め，子どもたちとの物語を，丁寧に創り出すことができるかどうか。それは教師の力による。

(1) ただ傍にいるだけならば傍観者
　「子どもに寄り添う」「子どもを見守る」などと，言葉では簡単にいうことができる。しかし，本当にこれを実現するのは，たやすいことではない。
　「見る」といっても，どのように・何を見るのか（内容・方法），どのような感情をもって見るのか（方法），何よりも何のために見るのか（目的）が曖昧では，「眼は開けていたが，見てはいない」ことになりかねない。全般的な意味では「見る」が用いられるが，「見る」行為にはいろいろな漢字が充てられている。愛しみ，支援するために看るのと，鋭い観察眼をもって詳細を観ようとするのでは，大きく異なる。通りすがりに，見たか見ないかわからないようにちらっと見るようでは，「いじめ」の解決などは，まったく期待できない。

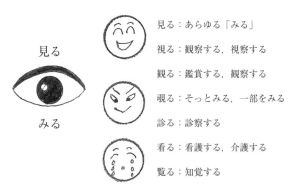

図 1.4　「見る」ことの多様性

(2) 気づき・勘・ひらめき

　見ること，情報・データを収集することに関しては，人間の教師よりもコンピューターやAIのほうが優秀なのかもしれない。入手した情報・データの記憶は完璧で，検索も直ちに可能。これらは人間には不可能。そのため，将棋やチェスで，名人クラスの人たちがコンピューターに太刀打ちできないのである。だが，教育は数字やデータではなく，「人」を見なければならない営みである。

　これは，警察の捜査に似ているのではないだろうか。現在は科学捜査が発達し，DNA鑑定などの精度は，限りなく完全に近づいている。街中に設置された防犯カメラは，人々の行動を24時間監視している。しかし，犯罪にいたった動機，心情の変化や殺意の有無などはわからない。裁判所における判断も，数字やデータにだけ基づいて下されるものではない。人を人が見て判断するのである。

　コンピューターやAIは，プログラムされたことにあくまでも忠実に動くのに対して，人間には突然の化学反応が起こりうる。それが勘やひらめきなのである。意図的，無意図的になされたさまざまな経験のうえで，実証的に説明はできないが，「何かが違う」「どうも気になる」といった気づきが，重要な意味をもつことが多い。それは，カメラにも映らなければ，調査票にも表れない，教師の熟達した，専門家としての「技」なのである。これは，一朝一夕に発揮できるものではない。日頃から鍛え，培っておかなければならない。

(3) 古くて新しい「交換日記」

　「交換日記」というと，一昔前の風習のように思われるかもしれないが，教師と子どもとをつなぐ重要なツールである。ウェブやSNSの時代ではあっても，その有効性は変わらない。

　交換日記の起源は，はっきりとはしていない。戦前の女学生文化の1つだともいわれるが，必ずしも定かではないし，女性同士だけでの行為だとも限らない。それでも，1990年代には小学生，中学生の女子の間で流行し，日本独自

の習慣として，海外に紹介もされている (1992～1997 年にかけて講談社の『な
かよし』に連載された，秋元康原作・木村千歌作画の「あずきちゃん」に小学生の
交換日記が描かれている）。

　最近は「デイリーノート」として活用されてもいるが，短い文による相互交
信だが，多くの気づきが潜んでもいる。何よりも，不特定多数の人に公開され
るものではないところがツイッターや LINE との大きな違いである。本音が吐
露されやすいのである。ウェブ日記やブログには共通点もあるが，アナログ手
法だから伝わることがあることを，再認識する必要がある。

6 教師の光と影

(1) 教師は楽しいことばかりではない

　これまで各節で考えてきたように，教師という職業は「大変」なことが多く
あることがみえてきた。何のために，それほどまで苦労して教師を続けるのだ
ろうかと思う読者も多いだろう。現職の教師はどのように思い，日々の仕事に
勤しんでいるのだろうか。若い教師の声を聞いてみよう（コラム 1・2）。

教師への喜びと誇り　―公立学校―

　中学生の頃から，「川崎市の国語の先生になりたい」と強く思っていました。さまざ
まな家庭環境，さまざまな境遇の子どもたちと共に時を過ごしたいと思ったからです。
その後，高校，大学と素敵な先生方に出会い，大学卒業と同時に夢を叶えることができ
ました。採用試験で行われた面接では，あんなことに挑戦したい，こんなことに挑戦し
たいと，数多くのことを話しました。しかし，今，面接で言ったことがすべて実行でき
ているかと問われると，全くできていません。部活動に追われ，保護者対応に追われ，
分掌の仕事に追われ，教材研究に辿り着かないまま 1 日を終えることも多々あります。
その度に，自己嫌悪です。私は国語の教師であるにもかかわらず，国語を勉強しないで，
一体何をしているんだろう，と。

　そんな時，私の励みとなるのはやっぱり子どもたちです。こんなに未熟な私でも頼り
にしてくれている子どもたちがいる。私の目を見て一生懸命話を聞いてくれる子どもた

ちがいる。そんな子どもたちに私は励まされながら、何とか良い授業をしたいという思いを常にもち、この仕事を続けています。

今、私は、「子どもたちが安心して楽しく過ごせる場所を、子どもたちと一緒に作る」ということを大切にしています。この職業は、子どもがいなければ成立しません。たとえどんなに忙しく、時間に余裕がなかったとしても、教科指導や日常での会話を通して子どもたちとの時間を大切に過ごすことが、今の私の最大の課題であり、理想です。

教員経験はまだ非常に浅いですが、数多くの子どもたちと出会い、たくさんのことを学びました。「先生」と呼ばれるのが恥ずかしくなってしまうほど、子どもたちから学ぶことは多いです。人生のうちのたった3年間、しかし、とてつもなく大きな3年間に関わり、子どもたちと共に成長できることに、私は喜びと誇りを感じます。

(大野由希子)[5]

影もあるが、光に強く導かれ、そこに魅力を感じていることがうかがえる。

先輩から学び、受け継ぐ —私立学校—

今週は朝のSHRで、クラスを叱った日が4日ありました。

三年生になってからは、朝からうんざりするような粘着質なHRを幾度となく作りました。何か悪さをしたわけではなく、ただただ幼いのです。経験が少なく、遠い将来のことを見つめたり、計画を立てたりすることを避けてきた無邪気な子ども達を前に悩む毎日です。

私の勤めている私立高校には、運動一筋で頑張り、勉強を寝ずに受けていたのは小学校までという生徒や、とくに問題なく過ごしてきたが、大人しくし過ぎて出来ないことをアピールし損ね、ひたすら自己評価を下げる毎日を過ごしてきたような生徒が多く通っています。

つまり、目を掛けなければ勉強についていけない生徒、学校に来なくなる生徒がたくさんいるのです。高校生というにはやや精神的に幼い生徒が多いかもしれません。

本校は、面倒見がよく、再起するきっかけを得られる学校だと言えます。多くの教員がおおらかで、辛抱強いのです。一年生から三年生まで通して持たせていただいた今、ようやくそのわけがわかったような気がします。

学習に限らず、部活動でも何でも良いから、とにかく一生懸命になれるものが見つけられるような生徒への働きかけに努めています。なかなか自分に自信がもてなかった生徒に、新たな自分を見つけるきっかけの場になればと思い、弓道部の顧問もして

15

います。のんびり，何となく過ごしてきた生徒も，環境を提供し，ひとたび熱中すれば，本気になる習慣を身につけてくれることがあるのです。その瞬間を見ることができる，これが今の私立高校に勤めている喜びです。伸びやかさやしなやかさの中に，芯となる信念や目標を育てていくことが求められているのだと考えています。

　私の隣で部員に声を掛ける先生は，弓道部の顧問をして30年目の65歳です。その先生はかつて，専門科しかなかった本校に普通科を作り，進路指導部長として，この学校に進路指導の体制を作った人でした。あらゆる意味で伸びやかな生徒を見続けた，先生方の武勇伝を聞きながら，若手が増える今，その一人として何が出来るのかを考えています。答えが見つからないのが本音ですが，生徒に，そして部活にも愛着をもった先生方と共に，少し先の未来を見据えながら，趣向を凝らす日々を送っています。

(細井 瞳)[6]

　二人の教師とも，苦労をしている。思いどおりにはいかないほうが多い。それでも諦めず，自分には何ができるのかを自問しながら，教師の仕事に「誇りと喜び」を感じ，満足はせずに子どもたちと向き合っている。

(2) 光が強ければ，影は濃くなる

　真夏の，灼熱の太陽の下のビーチを思い浮かべてほしい。10万ルクスの直射日光を浴びれば，短いものの濃い影が足元にできる。「強い光には濃い影」は自然の原理。人間の世界でも同様である。どちらに関心を寄せるのかで，光に満たされるか，影に苛まれるかが決まる。一概にはいえないことを承知で，あえていえば，ブラックになるかホワイトになるかは，意識と受け止め方によるところが大きい。前掲のコラムの二人，ちょっとだけ先輩の二人の視線は，いつも光を追っている。影を感じさせないほどに，光に向かう「思い」があるかどうかは，あなたにかかっている。

[5] 神奈川県川崎市の公立中学校教諭（国語科）。教師生活5年目。
[6] 千葉県にある私立高校教諭（国語科）。教師生活4年目。

7 何のための教師

　改めて,「何のために教師をする」のかを考えてみよう。

　いろいろな目的観があるだろう。多くは,「子どものため」と答えるのだろうが, もう少し突っ込んで考えてみよう。「子どもが, その目標を達成して喜ぶ姿を見たい」ということもあるだろう。子どもがよく育つことによって,「この国や世界の未来を託したい」との願いからもあるだろう。

　なかには,「校長になって, 教育を改革したい」や,「校長や教育長など有名になりたい」など, 人呼んで名声と呼ばれるものを求めるかもしれない。「公立学校の教師ならば, 安定しているから」も多い。あなたは「何のためなのか」を, ぜひじっくりと考えつづけてほしい。そのために, いくつかの手がかりを提供しよう。

　1976年に始まった第1シリーズ以来, 2012年の「特番」まで, 断続的ではあったが32年ものあいだ放送された, テレビの学園ドラマの代表作といえる番組に,「3年B組金八先生」があった (TBS系, 脚本は小山内美江子。主役の教師・坂本金八は武田鉄矢が演じた)。その第2シリーズの第24回は,「卒業式前の暴力②」(1981年3月20日放送) で, 視聴率31.5%だった。体罰をした教師と校長を連れて放送室に立てこもり, 校内放送を通じて校長に謝罪をさせた生徒たちは, 待機していた警察によって逮捕・拘束され連行されてしまうという内容で, 生徒たちの釈放を求めて金八先生が警察に赴く。そこで, 刑事を前に説教が始まる。

　彼らは未熟なんです。だから間違うんです。間違ったら, 繰り返し繰り返し, それが間違いだと教えてやる。

　教師がしり込みしたら, 生徒はどうなるんですか。子どもを預けている親御さんたちに, 顔をまっすぐ向けられますか。若輩者が言いすぎるかもしれませんけれど, でも我々はみかんや機械を作ってるんじゃないんです。我々は毎日, 人間をつくっているんです。人間の触れ合いの中で, 我々は生きているんです。たとえ世の中がどうであれ, 教師が生徒を信じなかったら, 教師はいったい何のために存在しているんですか。お願いです, 教えてください。

> 　僕は僕を教えてくれた先生に，裏切られても裏切られても生徒を信じるのが教師だと，そしてその答えは，何十年後かに必ず出ると教えられました。教師にできることは，子どもを愛してやることなんです。子どもを信じてやること，信じ切ってやることなんです。
> 　我々教師が体ごとぶつかっていけば，彼らは必ずわかってくれるんです。そして，もっと正直に言えば，それがもしできなかったら，教師は教師を辞めるべきなんです。
>
> （番組 DVD から再現）

もう1つは，フランスの哲学者ジョルジュ・ギュスドルフの言葉である。

> 　教師は教え授けるが，しかし，自分が教え授けることとは別のものを授ける。教師による最も崇高な教育は，彼が語ることの中にではなく語らないことの中にある。プラトンが西洋文明の最も偉大な覚醒者であるということは疑いないが，彼はその生涯を真理の意味を明らかにすることに費やしたのである。ところで，彼はその晩年の著作のひとつで，自分は大切なことは何ひとつ述べてこなかったと，とはっきり断言している。[7]

これは，熟読玩味しなければならない。表面的に，直訳のように理解していては，ギュスドルフの真意は伝わらないだろう。これについては，エピローグでもう一度考え深めることにしたい。

さらに学びを深めるために
・佐藤学・秋田喜代美ほか編「岩波講座　教育改革への展望」全7巻，岩波書店，2016年。とくに，第4巻『学びの専門家としての教師』
・勝野正章・庄井良信『問いから始める教育学』有斐閣，2015年
・広田照幸・伊藤茂樹『教育問題はなぜまちがって語られるのか？―「分かったつもり」からの脱却』日本図書センター，2010年
・佐藤学『教師花伝書―専門家として成長するために』小学館，2009年
・沖田行司『日本人をつくった教育―寺子屋・私塾・藩校』大巧社，2000年

[7] G. ギュスドルフ／小倉志祥・高橋勝共訳（1972）『何のための教師』みすず書房，pp.164-165

第2章

子どもと関わり・交わる教師

　教育の根本は「信頼」である。教師は、子ども一人ひとりとの関わりや交わりを通じて「信頼関係」を築きあげる必要がある。それは誰かから与えられるものではなく、お互いが創り上げるものである。では、教師は子どもをどのように理解し、関わり、交わっていけばいいのだろうか。

　学校や教室に集う人々がお互いの違いを認め合い、それらを生かし合いながらよりよい生活を創り上げる。そのプロセスを経験することこそが、共生社会の実現に向けた第一歩である。ここでは、子どもの幸せを願い、子どもにとっての最善の利益を探求しつづける教師のあり方を考えてみよう。

1 子どもっぽさと子どもらしさ

(1)「いい子」を望む大人の心の背後にあるもの

　『子どもはみんな問題児。』というタイトルの本がある[1]。このタイトルの意味を改めて考えてみることから始めたい。大人が子どもに向かって「いい子だね」と声をかける行為や風景は決してめずらしいものではない。一度は実際に経験したり、目にしたりしたことがあるだろう。では「いい子」とは、どのような子どものことをさすのだろうか。それは「聞き分けのいい子」「手のかからない子」「言われたことをそつなくこなす子」「要領のいい子」「おとなしい子」のことかもしれない。もしそうだとしたら、それは大人にとって都合の「いい子」にすぎない。

　「いい子」を望む大人の意識の背後には、子どもを大人の思いどおりにした

---
[1] 中川李枝子 (2015)『子どもはみんな問題児。』新潮社

いというコントロールの欲求が見え隠れする。かつて20世紀初頭に行動主義心理学を提唱したワトソン (Watson, J.B.) は「私に、健康で、いいからだをした1ダースの赤ん坊と、彼らを育てるための私自身の特殊な世界を与えたまえ。そうすれば、私はでたらめにそのうちの一人をとり、その子を訓練して、私が選んだある専門家—医者、法律家、芸術家、大事業家、そうだ、乞食、泥棒さえも—に、その子の祖先の才能、嗜好、傾向、能力、職業がどうだろうと、きっとしてみせよう」と豪語した(2)。この命題をみなさんはどう考えるだろうか。

おそらく、この考え方のすべてを否定することはできない。実際にワトソンが提唱した行動主義は姿かたちを変えながら、育児や学校教育に根強く残りつづけている。子どもはこの世に生れ落ちた瞬間から、特定の環境に身をおきながら身のまわりにある事物や人々との関わりを通じて育っていく。その環境やかかわり方を大人がコントロールすることで、その育ちの方向性を定め、大人が期待する教育の成果を得ようとしているのは事実だからである。大人が子どもの幸せで健全な発達を願うことは自然なことであり、そのために、たとえば「良いことをすれば褒める、悪いことをすれば叱る」というのは当たり前のことである。

とはいえ、この命題を鵜呑みにするわけにはいかない。教育の実際はそんなに単純なものではなく、心理学や教育学においても、数々の批判が行動主義に向けられてきた。大人の思いどおりにはいかないがゆえに、子どもは可愛くも厄介な存在であり続けてきたのである。子どもは決して「小さな大人」ではない。歴史的にみれば、子どもは「発見」された存在であり(3)、大人とは異なる特有の論理で成り立つ世界を子どもは生きている。だからこそ、大人の理屈は必ずしも子どもには通じない。大人にとっての「最善の利益」が子どもにとっての「最善の利益」とは限らないことをまずは理解する必要がある。

---

(2) ジョン・B・ワトソン／安田一郎訳 (2017)『行動主義の心理学』(復刊版) ちとせプレス、p.116
(3) フィリップ・アリエス／杉山光信・杉山恵美子訳 (1980)『〈子供〉の誕生—アンシャン・レジーム期の子供と家族生活』みすず書房

(2) 子どもらしさとは何か

　子どもの性質を表す言説には二面性がある。その代表的なものが「子どもっぽさ」と「子どもらしさ」である。前者はネガティブな意味をもち，「思慮が浅く，衝動的で，自分勝手であり，他人への配慮がない」という性質のことである。他方で，後者はポジティブな意味で用いられ，「物事に熱中し，不確実さに進んで挑戦する，そして，世界の不思議さへの驚きを受け入れ，矛盾や葛藤を多様な発想で乗り越え，他者の言葉をまっすぐに聞く」という性質をさす。この性質は「センス・オブ・ワンダー」[4]と呼ばれることもある。

　社会のなかで他者と「協調」しながら「自立」して生きるという教育の目的に照らし合わせれば，前者を克服しつつ後者は失わないように育つことが理想の姿ということができるかもしれない。しかし，多くの場合，「子どもっぽさの克服」が優先されてしまっているのではないだろうか。好奇心に満ち溢れた幼児は，数多くの「なぜ？　どうして？」を生み出し，大人と問答しようとする。大人が答えに窮することもめずらしくなく，ときには大人が「はっ?!」と驚くようなことを口にすることもある。

　それにもかかわらず，その姿は成長するにつれて徐々にみられなくなり，学校教育の現場では「学びからの逃走」[5]が課題視されている。「子どもっぽさ」と「子どもらしさ」の関係を，「社会性の獲得」と「個性の伸長」に置き換えてみることも可能であり，その折り合いのつけ方を大人の側が改めて再考する必要があるだろう。子どもの「育ちの芽」を大人が摘んでしまっているかもしれないからである。

(3) 問われる大人のあり方

　少なくとも子どもの側からすれば，「個性的であれと求めつつ，世間一般の常識ではこうだからこうしろ」と要求してくる大人は身勝手な存在に映っている可能性が高い。じつは大人自身もその狭間で揺れながら生きているのであ

---

[4] レイチェル・L・カーソン／上遠恵子訳 (1996)『センス・オブ・ワンダー』新潮社
[5] 佐藤学 (2000)『「学び」から逃走する子どもたち』岩波書店

り，社会のなかで自己実現を図るというのは，その矛盾を引き受け続けることを意味するのかもしれない。ただし，子どもは大人の「保護」のもとにおかれた発達途上の存在であることに留意する必要がある。つまり，子どもは「逸脱」を繰り返しながら，大人との関わりや交わりを通じて，望ましいとされる言動を自らが選択・決定できるように学ぶわけである。見方を変えれば，大人は子どもに試されているわけであり，目の前の子どもの姿は子どもなりの何らかの「適応」の結果である。もし，大人のルールや大人が想定する枠からはみ出た言動を「悪」と決めつけ，「罪と罰」でもって対応しつづければ，子どもはそのプロセスにおける経験から実質的に何を学ぶことになるだろうか。その子どもが担うことになる未来の社会の姿とあわせて，ぜひ考えてみてほしい。

　矛盾めいた言い方になるが，子どもは「悪」や「邪」を経験することによって「善」や「正」を獲得する。ポジティブな結果を求めてネガティブな行為や経験を否定することは，結果的にポジティブな育ちの抑止につながる。子どもは純粋で天使のような存在として描かれやすいが，実際の言動を観察すれば，「残酷さ」や「悪どさ」もあわせもっていることがよくわかる。いじめや盗み，暴力，嘘，反抗など，子どもの「悪さ」には発達上の意味と価値が内在している[6]。同様に，大人からすれば「無駄だと感じること」「馬鹿げたこと」「非効率に見えること」が，子どもの育ちにとっては重要になることが多い。大人が思い描く最短ルートは，子どもの豊かな育ちの可能性を奪いかねないことを自覚しておく必要がある。

　ここで冒頭にあげた本の著書の言葉を紹介しておきたい。それは「焦らないでだいじょうぶ。悩まないでだいじょうぶ。子どもをよく見ていれば，だいじょうぶ。子どもは子どもらしいのがいちばんよ」[7]である。焦りや悩みが生じたときこそ，目の前の子どもを見つめ直し，果たして自分は子どもに何を求めているのかを問い直してほしい。子どもの「声なき声」に耳を傾けたい。

(6) 河合隼雄 (1997)『子どもと悪』岩波書店
(7) 中川李枝子 (2015)『子どもはみんな問題児。』新潮社，p.10

2 安全基地としての子どもの居場所

(1) 子どもの発達における信頼の位置

　教育の根本は「信頼」である。ここでは，まず子どもの発達という観点から，その意味するところを読み取りたい。先述したとおり，子どもと大人は「異質」な存在であるが，子どもはさまざまな発達上の節目を経て大人になり，大人になっても人間は発達しつづける。こうした「誕生から死に至るまで」という生涯発達的な視点から，個人がどのような発達の道筋をたどるのかを体系化した代表的なモデルに，エリクソン（Erikson, E.H.）の「漸成的発達図式（心理社会的発達段階）」（図 2.1[8]）がある。

	1	2	3	4	5	6	7	8
老年期 Ⅷ								インテグリティ 対 絶望
成人期 Ⅶ							ジェネラティヴィティ 対 停滞	
成人期初期 Ⅵ					親密 対 孤立			
青年期 Ⅴ	時間的展望 対 時間意識の混乱	自己確信 対 自己意識	役割実験 対 役割の固定	徒弟期間 対 労働麻痺	アイデンティティ 対 アイデンティティ混乱	性の両極化 対 両性愛的混乱	指導者-追随者的関係 対 権威の混乱	イデオロギーへのコミットメント 対 価値の混乱
学齢期 Ⅳ				勤勉 対 劣等感	仕事への同一化 対 無益感			
児童期 Ⅲ			自主性 対 罪の意識		役割への期待 対 役割抑制			
児童期初期 Ⅱ		自律 対 恥，疑惑			自分自身でありたいという意志 対 自己不信			
乳児期 Ⅰ	基本的信頼 対 基本的不信				相互承認 対 自閉的孤立			

図 2.1　漸成的発達図式（心理社会的発達段階）

[8] エリク・H・エリクソン／中島由恵訳 (2017)『アイデンティティ─青年と危機』新曜社，p.107（本文を参照し，一部文言を改変・各発達時期の名称を追記）

図2.1のとおり，エリクソンは生涯の発達を8つの段階に分け，それぞれの段階に中心的な発達課題があると考えた。「○○対△△」という書き方は，「△△」という心理社会的な危機と向き合いながら「○○」という発達課題を達成する必要があることを意味する。両者の間には緊張関係が伴い，その葛藤の解決を通して発達が生じると考えられており，前の段階の達成状態が，次の段階のみならず，その後の発達全体に影響を及ぼすとされる。

　注目してほしいのは，最初の発達課題が「基本的信頼」の獲得だということである。その獲得の先に「自律」「自主性」「勤勉」「アイデンティティ（自我同一性）」などという学校教育がこれまで重視してきた心理社会的特性の獲得という発達課題が位置づくわけであり，生涯発達の基盤は「基本的信頼」にある。この世に生を受けた子どもは，その直後から自分の要求を受け入れ，共感しながらケアしてくれる特定の他者を求める。そして，その他者からの温かく応答的な働きかけを通じて，自分が安全であるという感覚を確保することで，親密な情緒的絆，すなわち，「愛着」(attachment) を形成しようとする。その積み重ねにより，自分をとりまく世界への「基本的信頼」を獲得していくのである。もし欲求が十分に満たされず，「基本的不信」にさらされ続ければ，その後の対人関係などに歪みが生じることになる。

　この人間にとって根源的な欲求である愛着が十分に満たされ，特定の他者がその子どもにとって安全で安心な存在になると，特定の他者はその子どもにとっての「安全基地」(secure base) として機能しはじめる。子どもは「安全基地」を起点にしながら，多様な探索行動を積極的にとるようになり，行動範囲を広げていく。もし恐怖や不安などを覚えれば，いつでも逃げ込めるようにしておくのである。このように安定的な愛着の形成は，探索行動というすべての学びの基盤になっている。なお，この場合，特定の他者とは母親とは限らず，保育士などもまたその役割を担うことができることは知っておいてほしい。重要なことは子どもとの継続的な受容・共感・応答をベースとする関係性の質にある。子どもは甘えと依存を繰り返すことで自立に向けて歩みはじめるのである。

(2)「信頼」を基盤とする教育の重要性

　しっかりとした建物を建てようとすると，最も重要になるのが「基礎工事」である。教育では，子どもの乳幼児期がその部分に該当する。その後の「難関の○○学校に入学」「○○コンサートで優勝」などという建物の立派さに比べて，その成果はみえにくいが，建物を建てたあとではやり直しがきかないのが「基礎工事」である。「乳幼児期の教育が子どもの人格の基礎を決定する」，この言葉がもつ意味は大きく，そして重い。もしその教育に失敗があるとすれば，それは「子どもの要求をうっかりみのがしたり，あるいはわざとサボタージュしたり，相手の要求を無視してしまうこと」であり，「そのくせこちらの要求や期待ばかりを，すぐ成果があがるように強制的な伝え方をしてしまう，そういうやり方の結果」である[9]。

　こうした人生において重要な意味をもつ乳幼児期の発達を支えるのは，決して家庭だけとは限らない。保育園や幼稚園が果たすべき役割も大きい。近年，「就学前の教育・保育を一体として捉え，一貫して提供する枠組み」として認定こども園制度がスタートしたが，「待機児童の解消」それ自体が目的になることは絶対に避ける必要がある。それは「大人の都合」にすぎない。また，「養護的機能」を重視する保育園と「教育的機能」を重視する幼稚園はそれぞれが独自の文化を築いてきたこともあり，認定こども園への移行に伴い，その対立が顕在化することがある。さらにいえば，商業的な教育的サービスや進学実績を売りにして，園児を集めようとするところも実際にはある。しかし，最も重要なことは「子どもの最善の利益の保障」であり，「基本的信頼に基づく自律・自主性の獲得」という発達課題の達成にあることを決して忘れてはならない。

　なお，この乳幼児期における「信頼」を基盤とする教育の重要性と必要性は，小学校以降の教育にも通底する。義務教育が始まる小学校では，さまざまな環境のもとで育ってきた子どもたちが一堂に会することになる。そのなかには，乳幼児期の発達課題を達成できていない子どもも含まれているわけである。その子どもに「学び直しの場や機会」を提供できるかどうかが，まずは小学校教

[9] 佐々木正美（1998）『子どもへのまなざし』福音館書店，pp.11-20

育を担う教師に求められる。思春期で顕在化する生きづらさの多くは，乳幼児期からの学び直しを必要とすることが知られており，その意味においても学び直しは早ければ早いほど望ましい。他方で，基本的信頼の獲得に必要となる愛着形成のプロセスは乳幼児期で完結せず，その後の経験を通じて，行動レベルから表象レベルへと徐々に移行していく。すなわち，物理的に距離が近い特定の他者に向けられた愛着が，一般化された主観的なイメージやモデルとして内面化されていくのである。それが子どものその後の人生における一貫した対人関係スタイルや人格を持続的に支える機能を果たすことになる[10]。小学校以降の教育は，その発達プロセスにも影響を与えていることを知っておく必要がある。

　しかし，実際のところはどうだろうか。どうも学校教育は，社会や大人からの過剰な要求や期待が先行してしまっていないだろうか。近年の教育改革の構図を考えてみてほしい。基本的には「社会が必要とする人材→大学→高等学校→中学校→小学校→保育園・幼稚園・認定こども園」という下降型の演繹的な発想で一貫教育の制度が構想・整備されつつある。より学校現場に近いところでいえば，「中1ギャップ」を解消するために小学校から教科担任制を導入する，「小1プロブレム」を解決するために年長組の最終学期から小学校の授業スタイルに模した学習形態を採用するなどはその象徴的な事例である。

　学校教育が社会的要求に基づいて構想されるのは当然である。ただし，それらが過度に強調され，独り歩きしはじめると，必ず弊害が生み出される。「子ども不在」の議論や構想に陥るからである。学び育つのは子どもであり，過剰期待は子どもの自由な発達の妨げになる。つまり，子どもの側に立って考えれば，上昇型の帰納的な発想で一貫教育のあり方が探求される必要がある。その場合，学校や教室は子どもにとって「安全基地」となっているだろうか。教師が子どもの愛着の対象となりながら，子どもたち一人ひとりの豊かな探索行動を生み出せているのだろうか。こうした問いと向き合うことが教師には求められる。

▎(10) 子安増生・二宮克美編 (2004)『発達心理学 [改訂版]』新曜社，pp.92-95

3 つながり，つなげる生徒指導とは

(1) 対話でつながる教師と子ども

　教師の側からすれば，子どものことを信頼し，子どもからの信頼を獲得するプロセスにおいて教育的関係は成立する。子どもの不安や不信が強ければ強いほど教師の指導は形式的・表面的なレベルにとどまり，子どもの内面にまで届くことはない。信頼関係は時間をかけてともに築き上げていくものであるが，まずは教師の側から子どもの心に歩み寄り，子どものことを理解することから始める必要がある。子どもは「私のことを気にかけてくれている」「私のことを見てくれている」「私の話をちゃんと聞いてくれる」，それらの感覚を抱くことで，はじめて「素の自分」をさらけ出し，「本音」を打ち明けてくれるのである。

　「子どもの心の扉には内側にしかドアノブがついていない」という示唆に富んだ言葉がある。教師が一方的にその扉を無理やり開けようと思っても開けることはできない。ましてやドアを壊そうとすれば，子どもとの関係は修復不可能になる。では，どうすれば心の扉を開けてくれるのだろうか。「北風と太陽の寓話」から学ぶべきことは多い。燦燦と照りつける太陽の暑さで旅人が上着を脱いだように，温かくやさしい寛容的な関わりや交わりが子どもの心を解きほぐすのである。もちろん，指導場面によっては，冷たく厳しい態度で子どもと向き合うことが必要になる。教師も人間なわけであり，つい「カッ」となってしまうこともある。それでもなお，どちらに軸足をおくかは教師による選択次第である。

　実際に生徒指導において，教師を悩ます子どもの問題行動やトラブルはよく起きる。その際，くれぐれも気をつけなければいけないのは，「表面的な事実」だけを取り上げ，その「事情聴取」の結果をふまえながら「罪と罰」を子どもに与えることである。問題行動は子どもの「SOSサイン」かもしれない。教師は問題行動やトラブルの背景にもしっかりと目を向け，子どもの「声なき声」にも耳を傾ける必要がある。子どもは「社会の写し鏡」であり，それらの背後には社会構造がかかえる問題や矛盾がはらんでいることも決して珍しくない。子どもは教師が問題行動やトラブルにどう対処するのか，その姿を手本にして社

会的な問題解決の方法を学ぶのである。学級づくりに秀でた教師ほど，学校や教室で起きた問題行動やトラブルなどを生活教材として取り上げ，生徒たちとの対話を通じて，よりよい生活のあり方を探求し，共創する契機にしようとするものである。教科書に書かれてあることだけが教材ではない。日本で，これまでの生徒指導が培ってきた「生活自治」の文化とその実践から学ぶことは多い。

　子どもの「ダメなところ」や「弱み」は素人でも見つけやすく，「ダメ出し」をすることは簡単なことである。教師が教育のプロといわれるゆえんは，子ども一人ひとりの「善さ」や「強み」を見いだし，社会のなかで通用する「個性」に高め，導くところにある。そのために，教師は子どもをよくみて，子どもの話に耳を傾け，そこで得た気づきをもとに対話をしながら，子どもたちを挑戦に駆り立てる。そして，教師と子どもの関係のみならず，子ども同士の関係が「受容・共感・承認」で結ばれたとき，その学校や教室は子どもたちにとっての「安全基地」になるといえる。生活をともに創り上げる，その経験から子どもが学ぶことの教育的価値は大きい。だからこそ，教師は自分と子どもがつながるだけではなく，子ども同士をつなげ，協同を促す役割をも担うのである。

(2) 生徒指導の第一歩とは

　「理念はわかる，でもどうすればいいのか」。よく聞かれる言葉である。たしかに信頼関係の構築は「言うは易し，行うは難し」である。そこに正解は存在せず，教室内でトラブルが続発すればするほど，即効性の高い手立てがほしくなる。教師にゆとりがないときはなおさらである。教師と子どもは「友だち」ではなく，子どもの「ご機嫌とり」をしたほうがよいといっているわけではない。子どもと関係を築きたいのであれば，子どもの「目線」におりて，子どもを理解することから始める必要があるということである。

　では，生徒指導の第一歩はなにか。それは子ども一人ひとりの名前を覚え，きちんと名前で呼んであげる，そして，顔をしっかり見ながら挨拶をすることである。この2つが生徒指導の基本である。当たり前のように聞こえるかもしれないが，とても重要なことなのである。名前を呼ぶことは一人の人間として

人格を認めることであり，挨拶もまた「あなたのことを気にかけてますよ」というメッセージになる。挨拶から子どもの異変に気づくことさえあり，決して軽視することはできない。

　次のステップは，教師が子どもの流行にアンテナを張り，子どもと共有できる話題を仕込むことである。さらには，教師が子どもの輪に入り，子どもとの雑談を楽しんだり，子どもと一緒に遊んだりすることである。子どものことは子どもから教えてもらうのが一番である。雑談を通じて，「今，子どもがどのようなものに興味・関心をもっているのか」「どんなことを考えているのか」などを知ることもできる。そのなかには授業づくりに役立つ情報さえ含まれており，日々の他愛のない会話から気づきを得ることは意外と多い。そもそも困ったり，悩んだりしたときだけ相談してほしいというのは教師の勝手な都合であることを忘れてはならず，教師である前に人間的なつながりをもとにして，子どもと関わり交わる必要がある。

　子どもは「説教くさい」教師には，なかなか心を開いてくれない。みなさんも経験があるのではないだろうか。実際に教師が子どもに対して口にする言葉に注意を向けてみてほしい。「～しなさい」「～しなければならない」「～してはダメだ」などの「指示」「命令」「禁止」が多いことに気づく。しかも，「常識」や「世間体」，あるいは「校則」をふりかざし，一方的に抑え込もうとする教師もなかにはいる。自分を主語にして，自分の価値観や考えを自己開示しながら，前向きな言葉を子どもたちに投げかける教師は思いのほか少ない。子どもたちに自己開示を求めるのであれば，まずは教師が自己開示していく必要がある。

　子ども一人ひとりの目に教師である自分はどう映っているのだろうか。その問いから生徒指導は始まる。さらにいえば，子どもに求めることを教師自身ができているだろうか。職員室における教師同士の関係を含め，子どもを写し鏡にして，教師はそのあり方を問いつづけなければならない。

(3)「生活の自治」に向けて

　学校は「社会の縮図」であり，学校生活の築き方は大人になってからの社会

生活の築き方につながりうる。子どもは生活時間の大半を学校で過ごすわけであり，教師の「指示・命令・強制」に従順な学校生活を送りつづければ，子どもはそうした生活のあり方や創り方を学ぶことになる。果たしてそれでいいのだろうか。ここでは，「校則」問題を例にあげて考えてみたい。

　生徒指導に関する学生の思い出を紐解くと，必ずといっていいほど校則指導に関するエピソード（とくに中学校・高等学校時代）が語られる。学校によってその内容や取り扱い方は異なるが，大抵は「やってはいけないこと」が規定され，子どもにはそれらの遵守が求められる。なかには「非常に細部にまでわたる厳格な校則」「理不尽なブラック校則」「明文化されてない暗黙の校則」も数多く実在する。子どもが教師に意見具申することは許されず，遵守しなければ罰則が与えられるケースが多い。「校則ではなく，私のことを見てほしかった」という学生の声を筆者は忘れることができない。

　校則指導の目的は「生活規律・学習規律を確保・維持する」「法や社会のルールを守ることを学ぶ」とよくいわれるが，本質的には「私たちの生活を私たちの手でより善いものにする」ためである。すなわち，「自治」を学ぶツールとして校則は位置づくのである。そのように考えれば，なぜ教師が一方的に子どもに校則の遵守を求めるのか。さらには，なぜ義務の履行だけが求められ，権利は保障されないのかが問われることになる。

　たとえば，発想を大きく転換して，教師と子ども，さらには子ども同士が互いの自由と平等を認め合い，守り合うために，「学校の憲法」を定めてみてはどうだろうか。憲法が定めるのは義務ではなく，基本的な権利であり，互いの権利の保障という観点から行動規範とルールを導き出すのである。教師にも子どもと同じ責務が課されることになる。ルールは守ることだけが重要なのではなく，ルールは創られるものであり，必要に応じて，創り直すことができることを学ぶ価値は大きい。また，「ネガティブを避ける」よりも「ポジティブをいかに生み出すか」を学ぶほうがよほど健全だということもできる。

　学校において，教師は「評価権」と「懲戒権」を有する権力者であることを自覚し，それゆえに自制が求められることを理解する必要がある。もちろん，

学校種別や発達段階・特性によって教師が介入する程度や内容・方法は異なるが，子ども自身が学校生活の「主体者」であり，「主権者」であることに変わりはない。その原則に立ち，自治的能力を粘り強く育むことを通じて，「生活の自治」を実現できるように導いてあげることが，子どものみならず今後の社会にとっても重要になる。

　みなさんならどのような権利をどのような理由に基づいて要求し，どのような学校生活を創り出したいだろうか。ぜひ考えてみてほしい。その権利を要求する意識の背景に，子どもの側からみた学校教育がかかえる生徒指導上の課題が浮き彫りになる可能性は高い。日本の生徒の「学校所属感」が低い現状をしっかりと教師は受け止める必要があるだろう[11]。

4 学びひたる学習指導とは

(1) 学びの楽しさでつながる教師と子ども

　「生活の自治」があれば「学びの自治」もある。この観点から，学校教育における学習指導が論じられることはきわめて少ない。学校教育の中心は教科学習であり，実際に学校生活のほとんどの時間は教科学習が占めている。たしかに日本の子どもたちの学力水準は，テストで測定するかぎり，世界的にトップクラスである。しかし，学びに対する「興味・関心」「楽しさ」「学びがい」「自己効力感」などは非常に低い。すなわち，「学びの疎外」が生じてしまっている。授業という場において，教師は教材を介して子どもと関わり交わるわけだが，その関係性のあり方を改めて問い直す必要がある。果たして学びそのものに内在する価値や魅力によって，どこまで教師は子どもを授業に惹きつけているだろうか。

　学校教育を通じて，子どもは教師に教えてもらうことが学ぶことであると理解してしまっている可能性は高い。しかも，そこでいう学びとは「勉め強いる」，すなわち，気が進まないことを仕方なくするという意味での「勉強」を意味す

---

[11] たとえば，国立教育政策研究所編 (2017)『生徒の Well-being』(OECD 生徒の学習到達度調査 PISA2015 年調査国際結果報告書) 国立教育政策研究所を参照

ることが多い。「勉強」は英語だと「Study」と訳されるが，その語源はラテン語のストゥディウム（Studium）に由来する。じつは，その意味は「情熱」「熱意」であり，本来，「勉強」とは楽しみながら没頭する行為なのである。「Study」は「研究」とも訳されることがあり，そのほうが語源のニュアンスに近い。研究は「学び問う」（＝学問）ことに情熱を傾けつづける行為だからである。

　もしかすると，私たちは知的発達という認知的な側面を過度に重視し，学力という結果を意識しすぎるあまり，学びにおける情動的な側面を見落とすことで，大きな代償を払ってきたのかもしれない。たしかに「できる授業」は達成感を，「わかる授業」は喜びを子どもたちにもたらすだろうが，そもそも「楽しい授業」が学習指導のスローガンに掲げられることは思いのほか少ない。なぜだろうか。歌人の俵万智がツイッターに次のような投稿をしたことがある。

> 　宿題を少しやっては「疲れた〜」と投げ出す息子。「遊んでいるときは全然疲れないのにね」とイヤミを言ったら「集中は疲れるけど，夢中は疲れないんだよ！」と言い返されました。

　この息子の台詞は秀逸であり，学びの本質を見事なまでに突いている。夢中になって没頭するとき，学びはまさに子どものものになっており，そこには必ずといっていいほど「学びの自治」が成立している。子ども自身が学びの必然性を自分なりに見いだし，自分の学びをコントロールしている感覚が伴うからである。そして，夢中から覚めたときの「充実感の伴う楽しさ」が子どもをさらなる学びへと誘うことになる。学びを阻害する主な原因は，子どもたちに学ぶ能力がないのではなく，子どもが学ぶことを望んでいないことにある。学ぶことがどれほど楽しいものになりうるかを子どもたちに気づかせることに教師は心血を注ぐ必要がある。それが生涯学習の基礎になるからである。

(2) 学びひたる授業の創造へ

　夢中になって没頭する学びは，子どもの育ちにどのような影響を与えるのだ

表2.1　フロー体験を生起する条件と具体的な手立て

【条件1】	学ぶ対象が自分にとって切実なものであること ■主体的な目標設定ができる場をつくる ■共通のミッションとして達成イメージの共有化を図る ■自分（自分たち）だけにしかできないという意識をもたせる
【条件2】	挑戦レベルと技能レベルのバランスがとれていること ■個に応じた取り組みができるような学習活動をしくむ ■学習進行中に挑戦レベルの自己調節が可能な学習活動をしくむ ■予測可能なことと意外性が混在する学習活動をしくむ ■力を補ったり，力の発揮を阻害する要素を取り除いたりした学習活動をしくむ
【条件3】	学習活動がはっきりしており，自己の学習が目標に近づいているというフィードバックがあること ■学習活動において何をどうするのかをわかりやすく示す ■情報を顕在化させる

ろうか。それを解き明かす心理学的概念に「フロー体験」がある。それは「内発的に動機づけられた自己の没入感覚をともなう楽しい経験」をさす。人間はこのフロー体験を通してより複雑な能力や技能，ポジティブな資質などをもった存在へと成長することが，これまで多数の研究によって裏づけられてきた。人間発達における最適経験と称されるほどである。

　また，フロー体験がもたらす影響のみならず，その体験を導く条件も理論化されてきており，そこから教師が学べることは多い。実際に日本の学校でもフロー理論に基づいた研究開発「学びひたる授業の創造」が行われたことがある[12]。その学校ではフロー体験が生起する条件を3つに整理し，それぞれの条件を満たす具体的な手立てを講じることで，各教科の授業でフロー体験が起こる確率と強度を高めようとした（表2.1）。教師集団の意識と努力により，フロー体験を導くことは可能であり，そのポジティブな影響も明らかにされた（図2.2）。

　フロー理論の立場からすれば，従来の学習指導はあまりにも教師のコントロールが強すぎることに気づくのではないだろうか。教師は子どもの心に火

---

(12) 浅川希洋志・静岡大学教育学部附属浜松中学校（2011）『フロー理論にもとづく「学びひたる」授業の創造』学文社（表2.1はpp.27-36，図2.2はpp.161-162）

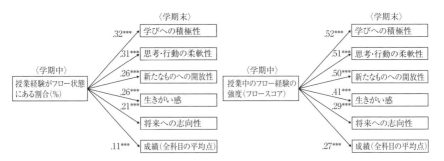

注）数字は標準化偏回帰係数。***$p < .001$，**$p < .01$，*$p < .05$，$N = 359$。

図2.2 フロー体験の頻度と強度がもたらした影響

をともすために教えひたり，子どもは自らの可能性を切り拓くために学びひたる。理想の授業を探求しつづけた大村はまが，晩年に残した「優劣のかなたに」という詩をぜひ味わってみてほしい[13]。本気で向き合う関係がそこにはある。

優劣のかなたに

大村はま

教師も子どもも
学びひたり
教えひたっている
それは優劣のかなた。
ほんとうに持っているものを出し切って、
打ち込んで学びひたり
教えひたっている
優劣を論じあい
気にしあう世界ではない。

今はできるできないを
気にしすぎて、
持っているものを
授かっているものを
出し切っていないのではないか。

成績をつけなければ、
合格者をきめなければ、
それはそうなのだ。
今の日本では
教師も子どもも
力のかぎりやっていないのだ
やらせていないのだ。
優劣のなかで
あえいでいる。

学びひたり
教えひたろう
優劣のかなたで。

優か劣か
そんなことが話題になる、
そんなすきまのない
そういう世界。
持てるものを
持たせられたものを
出し切っている
生かし切っている
そんな姿こそ。

優か劣か、
自分はいわゆるできる子なのか
いわゆるできない子なのか、
そんなことを
教師も子どもも
しばし忘れて、
学びひたり
教えひたっている、
そんな世界を
見つめてきた。

[13] 大村はま（2005）『忘れえぬことば』小学館，pp.44-47

5 しあわせとやさしさの教育へ

　社会的に成功するから幸福になれる。だからこそ，未来の成功に向けて今は耐え忍びながら努力しつづけなければならない。立身出世の考えに基づく学歴社会はその発想を基本にしてきた。そこでは「男性原理」や「父性原理」を基調とする教育的関係が取り結ばれやすく，学校種別があがればあがるほど，その傾向にある。正義や公正，規範などの「こうあるべき」が前面に押し出され，子どもの素直な欲求は「わがまま」や「甘え」と受け止められることもある。

　もちろん，子どもを正しい道に導くことは教師の重要な役割の1つである。しかし，その正しさ自体が揺らぐ現代社会において，社会的弱者である子どもはさまざまな生きづらさをかかえて生きており，そこに寄り添わない教師の「厳しさ」は，ときに子どもを追い込んでしまうおそれもある。子どものかかえる不安やおそれは萎縮や不寛容などを招き，排他的に自分の殻に閉じこもる結果を招きかねない。これら「男性原理」や「父性原理」と相補的な関係にあるのが，「女性原理」や「母性原理」である。これらの原理に基づけば受容や共感などが教育的関係の基本となり，「幸福」が基本的価値になる。「こうありたい」という子どもの自己実現欲求の充足に向けて，教師は心を砕き，子どもにとっての「安全基地」になろうとする。信頼に足る「安全基地」があるからこそ，子どもは豊かな探索行動や役割実験を生み出すことができる。

　失敗しても，間違っても，うまくできなくても，無条件にやさしく受けとめてもらえる。自分のことをいつも気にかけ，見てくれている。自分の話にしっかりと耳を傾けてくれる。自分の善さや価値を積極的に認め，励まし，勇気づけてくれる。そうした「やさしさ」に包まれた「安全基地」が子どもの育ちにおいて果たす役割は大きい。この前提があってこそ，教師の「厳しさ」は子どもの心に届くのである。このことを教師は決して忘れてはならない。今ここでの生活と学びをいかに幸福で充実したものにしてあげるか，その先に未来の成功は拓けてくるのである。

　しかし，不思議なことに，これまで「幸福」は教育の主題にあまり掲げられ

てこなかった。日本国憲法には幸福追求権が定められているが、教育基本法や学校教育法には「幸福」という文言はない。今・ここでの生活、そして、これからの生活を幸せに生きていくうえで、子どもは何をどのように学ぶ必要があるだろうか。他方で、今の学校が主に教えてくれていることは何だろうか。両者を対比したとき、どこに不一致を見いだせるだろうか。私たちは人生において大事なことを見落としているのかもしれない。「私と私たちの幸福で充実したあり方・生き方の選択と創造」という観点から学習指導や生徒指導は再考し、デザインし直す必要がある。

さらに学びを深めるために
・山住勝広編著『子どもの側に立つ学校―生活教育に根ざした主体的・対話的で深い学びの実現』北大路書房, 2017 年
・竹内常一『新・生活指導の理論―学びと参加／ケアと自治』高文研, 2016 年
・ネル・ノディングズ／佐藤学訳『学校におけるケアの挑戦―もう一つの教育を求めて』ゆみる出版, 2007 年
・田中耕治『時代を拓いた教師たち―戦後教育実践からのメッセージ』日本標準, 2005 年

ポジティブ・フィードバックのすすめ

　もし学力テストで 70 点を取ったとしよう。みなさんならその結果をどのように受けとめるだろうか。大抵の場合、なぜ残りの 30 点が取れなかったのか、その原因を分析し、今後の学びに向けた課題や対策、教訓などを導きだそうとするのではないだろうか。もちろん、それも 1 つの方法である。決して間違いではない。

　ただ、もう 1 つの見方があることを、ぜひ知っておいてほしい。それは「70 点は取れた」という成果に注目する方法である。何らかの努力を自分なりにしたからこそ、70 点を取ったわけである。だとすれば、なぜ 70 点を取ることができたのか、その成果につながった努力を分析することで、次につながる成功要因を導き出すことが可能になる。これがポジティブ・フィードバックの考え方である。

　どうしても私たちは「うまくできていないこと」＝「問題」や「弱み」にばかり目を向けがちである。そうではなく、「うまくできていること」＝「成果」や「強み」にも同等の注意を払う必要がある。子どもの育ちにおいて、ネガティブな言動を減らすだけなく、ポジティブな言動とそのレパートリーを増やすことの重要性と必要性をポジティブ・フィードバックは示唆してくれる。ぜひ「よいところ探し」の名人をめざしてみてほしい。

（綏利 誠）

第3章

いじめ・不登校に向き合う教師

> 今日喫緊で重要な教育問題である，いじめ・不登校とどのように向き合い，解決を図ることが可能なのか。報道では途切れることなく，「いじめ→自殺→隠蔽」の事実が伝えられている。ことなかれ主義の教育委員会や学校，そういう状況下で「チームとしての学校」をどう機能させればよいのか。塾やフリースクールなどの民間教育にも言及する。とくに最近はSNSによるいじめ，そしてその結果不登校に陥る傾向が顕著になってきた。また，AIの発達とともに，さらに巧妙にエスカレートする可能性すら出てきた。それを逆手にとっての解決法にもふれていく。

1 いじめの現状

　いじめの現状を認識しやすいように，次ページの図3.1を参照してみよう。これをみると，いじめ認知件数は増加している。
　文部科学省のいじめ定義の変遷は，以下のとおりである。

■昭和61年度からの定義
　「いじめ」とは，①自分より弱いものに対して一方的に，②身体的・心理的な攻撃を継続的に加え，③相手が深刻な苦痛を感じているものであって，学校としてその事実（関係児童生徒，いじめの内容等）を確認しているもの。なお，起こった場所は学校の内外を問わないものとする。
■平成6年度からの定義
　「いじめ」とは，①自分より弱いものに対して一方的に，②身体的・心理的な攻撃を継続的に加え，③相手が深刻な苦痛を感じているものであって，学校としてその事実（関係児童生徒，いじめの内容等）を確認しているもの。なお，起こった場所は学校の

内外を問わないものとする。
　なお，個々の行為がいじめに当たるか否かの判断を表面的・形式的に行うことなく，いじめられた児童生徒の立場に立って行うこと。
■平成18年度からの定義
　個々の行為がいじめに当たるか否かの判断を表面的・形式的に行うことなく，いじめられた児童生徒の立場に立って行うものとする。
　「いじめ」とは，「当該児童生徒が，一定の人間関係のある者から，心理的・物理的な攻撃を受けたことにより，精神的な苦痛を感じているもの」とする。
　なお，起こった場所は学校の内外を問わない。

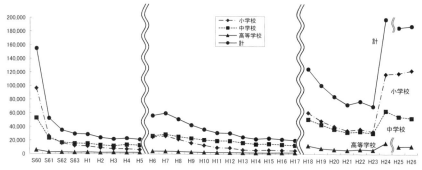

図3.1　いじめの認知（発生）件数の推移

出所）文部科学省初等中等教育局「平成26年度『児童生徒の問題行動等生徒指導上の諸問題に関する調査』における『いじめ』に関する調査結果について」p.4 より

このような状況下において必要とされることは,「チームとしての学校」の役割である。「チームとしての学校」が機能すれば,これらの問題が解決されたり,大事にならずに収束される。

　まず,人の集団である"チーム"と"グループ"の違いを認識するべきである。"グループ"は目的をもたない,単なる人の集まり,それに対して"チーム"は集団としての目的をもった人の集まりである。「チームとしての学校」は,子どもを大切に育てていくという目的を自覚し行動している。そもそも学校の目的については,教育法規や児童憲章などに明記してある。それを認識し行動しなければならない。また,教師に関しても同様であり,①授業,②研究,③学校の管理・運営という責務が明記されている。①〜③の個々の活動が,学校という目的をもった組織を動かしていくのである。これが「チームとしての学校」である。学校がチームとして機能すれば,いじめ・不登校などの喫緊の課題が大きくなり,深刻化する前の小さな芽のうちに摘み取れる。

2 いじめについて「チームとしての学校」はどう機能するのか

(1) 民間教育の場合

　子どもの学力を伸ばすという目的に集中した機能をもつ民間教育の塾では,いじめがほとんどない。全国的な民間教育に関しての調査結果をもとに,「なぜいじめがほとんどないのか」という理由を,ある塾長の言葉を紹介しながら別のところで説明した。それを引こう。「大手塾でも中小の塾でも,教室に入れるのは30名程度。一人ひとりをしっかり見ることのできる状況である。学校でもそれを行っているとは思うが,私たちは徹底して一人ひとりと向き合う。そして全員の学力を伸ばす。そうしなければ塾はつぶれる。つぶれたら教育できない。先生たちが生活できない。民間教育でがんばろうという夢までなくす。だから先生たちは必死だ。ここで必死だが,さらに連絡を密にしてチームとしても必死だ」[1]。この話に尽きるといえる。

▎(1) 長野雅弘 (2017)『いじめからは夢を持って逃げましょう!』パンローリング, pp.44-62

(2) 公教育の場合

　「学校教育法」および「学校教育法施行規則」にあるように，生徒指導主事，進路指導主事は学校におかなければならない。また，学校には校長をおくこと（加えて校長の条件），教頭をおくこと，事務長をおくことなどと誰々をおくことと定められている。また，校務分掌と呼ばれる，教務，総務，保健などさまざまな校務の役割があるなかで，「指導」とつくところは2つしかない。それは，生徒指導部と進路指導部である。なぜこの2つだけ，「指導」という言葉がついているのか。指導とは，「おい！」「こら！」「ダメだろ！」と怒ることだけではない。

　指導とは，「子どもにその気になってもらうこと」である。

　たとえば，高等学校生徒指導部の場合，いけないことをした子どもを指導部の先生方が怒って注意するだけではない。校則違反が大きな場合，校長により，謹慎などの停学または退学まで言い渡されることにもなる。中学校でも，私立と公立の差があるにせよ，同様の措置をとることができる。ここから大きな違いが生じる。子どもにその気になってもらえるかどうかで，後々大きな差が出てきてしまう。させるのではない，"なってもらう"のである。ここを間違えてはいけない。

　校長が「3日間の謹慎を申し渡す」と言い，保護者および本人に文書を手渡すというのが通例行わなければならない懲戒処分形式である。それだけで終わらせているところが非常に多い。いや圧倒的多数である。それではいけない。不十分すぎる。なぜか。繰り返しになるが，子どもにその気になってもらえていないからである。指導とは「子どもにその気になってもらう」ことである。

　なぜ不十分すぎるのか。それはマイナスの領域にあった子どもが，謹慎などの期間中「反省しなさい」「反省文を書きなさい」「反省を言葉で述べなさい。そしてもうしませんと決意表明しなさい」と言われて，ゼロのベースに来たにすぎない。すると，日にちが経つと，またマイナスの領域のことを行いはじめる。なぜなら，どこへ向かっていいのかプラスの領域を示して"その気になってもらって"いないからである。

図で表すとすれば，マイナスの領域のなかで，またはゼロのベースのなかで行動していると，繰り返しをするだけであり，そこから抜け出すことが困難である（図3.2）。このような図をイメージすればわかりやすいのではないだろうか。

	プラスの領域
0	ゼロのベース
	マイナスの領域

図3.2　子どものいる領域

　進路指導も同様である。模擬試験の結果が悪かった生徒に対して，教師が「がんばって勉強しなさい。怠けたでしょう。こんな点数二度と採らないように」と諭す。これでは，マイナスからゼロのベースへ行くだけで，先ほどの生徒指導と一緒で，本人がその気になっていない。いや，なれないような言葉がけをしているにすぎない。

　生徒指導を受けた際に，「しまった！　やっちゃいけなかったんだ，もうしないぞ」という思いになるのだけでなく，これを糧にして，「こんな風に自分の夢や希望を大きくもっていこう」「こんな風に自分を変えていこう」というプラスの領域に心および行動がうつればその子どもはもう，つまらないマイナスの領域にとどまることはないのである。

3 指導のあり方の原則

　先ほどの進路指導でも，「今はこうだけど，○○を一日これだけと分量を決め，この期間は続けていこう。そうするとこのようにあなたは変われて，新たな選択肢がどんどん増えていく」と教師が夢や希望を，そしてその道筋を具体的に語っていく。具体性と教師の熱意で子どもがその気になると，子どもはプラスの領域に意識がいき，具体的な行動を始め，自らの身をプラスの領域におきはじめる。そうすると，マイナス領域のことはしなくなり，考えなくなり，大きく伸びる。繰り返しになるが，指導というものは，「生徒にその気になってもらうこと」である。教師の熱意と腕が試される最も大切な校務分掌，それが生徒指導と進路指導なのである。

　生徒にその気になってもらうことで，初めて指導というものが発揮されるの

であるが，進路指導はやりたがっても，生徒指導をやりたがらない教師は大勢存在している。生徒指導（進路指導を含む）という講義が大学の教職課程には必須としてあるのだが，功を奏していない実証ではないだろうかとすらいわれている。必要なので必須講義科目に入っているにもかかわらず，こういう状況では子どもたちに迷惑をかけてしまう。ではなぜ生徒指導をしたくないのだろうか。

　生徒指導をしたくない教師に尋ねると，「したくないですね，子どもに嫌われますから」「したくないですね，子どもが怖いですから」，こんな声が返ってくる。これらが一般的意見である。

　しかし，生徒指導はしなければならない。なぜなら，子どもは間違えるからである。完璧であるのなら学校に来る必要すらないのではないだろうか。それゆえ，生徒指導は，生徒指導部の教師だけが行うのではなく，すべての教師がしなければならない。しかも授業中にも休み時間にも，学校生活のあらゆる場面で行わなければならない重要な教師の務めである。

4　生徒指導喫緊の課題　—いじめ—

　生徒指導面での喫緊の課題が，「いじめ問題」である。とくに，SNSによるいじめ問題から重大事態に発展したり，いじめられている側が自傷行為を繰り返し，不登校に陥っているケースが増大している。転校できればその子が救われる可能性が大きいのだが，できない場合，またはしない場合。子どもは人生に絶望し，最悪の場合は自ら死を選んでしまう。

　文部科学省の「いじめも重大事態の調査に関するガイドライン　別紙」[2]には以下のとおりある。

▎(2)　文部科学省（2017）『いじめの重大事態の調査に関するガイドライン』

> 別紙
>
> いじめ（いじめの疑いを含む。）により，以下の状態になったとして，これまで各教育委員会等で重大事態と扱った事例
> ◎下記は例示であり，これらを下回る程度の被害であっても，総合的に判断し重大事態と捉える場合があることに留意する。
> ① 児童生徒が自殺を企図した場合
> 　○軽傷で済んだものの，自殺を企図した。
> ② 心身に重大な被害を負った場合
> 　○リストカットなどの自傷行為を行った。
> 　○暴行を受け，骨折した。
> 　○投げ飛ばされ脳震盪となった。
> 　○殴られて歯が折れた。
> 　○カッターで刺されそうになったが，咄嗟にバッグを盾にしたため刺されなかった。※
> 　○心的外傷後ストレス障害と診断された。
> 　○嘔吐や腹痛などの心因性の身体反応が続く。
> 　○多くの生徒の前でズボンと下着を脱がされ裸にされた。※
> 　○わいせつな画像や顔写真を加工した画像をインターネット上で拡散された。※
> ③ 金品等に重大な被害を被った場合
> 　○複数の生徒から金銭を強要され，総額1万円を渡した。
> 　○スマートフォンを水に浸けられ壊された。
> ④ いじめにより転学等を余儀なくされた場合
> 　○欠席が続き（重大事態の目安である30日には達していない）当該校へは復帰ができないと判断し，転学（退学等も含む）した。
> ※の事例については，通常このようないじめの行為があれば，児童生徒が心身又は財産に重大な被害が生じると考え，いじめの重大事態として捉えた。

　各教育委員会でいじめ重大事態と扱った事例は急激に増えている。じつは，いじめの多数が重大事態に認識されるような勢いなのである。小さな芽のうちに「チームとしての学校」が摘んでいれば，こういう事態に陥らない。「チームとしての学校」と「子どもにその気になってもらう生徒指導」の重要さがここでも浮き彫りになっている。これらの事例のなかで，大きく件数を伸ばしているのがSNSによるいじめである。そのなかで，茨城県私立学校のいじめ重

大事態の事例[3]を以下に紹介する。

> ○Twitterでの誹謗中傷
> ・生徒は部活動の後輩との折り合いが悪く，Twitterに，「一緒に部活をやりたくない」といった内容の投稿をした。
> 　同生徒の投稿を見た他の生徒は，名前が伏せられてはいたが，容易に個人が特定できる内容であったため，被害生徒にTwitterで誹謗中傷されていることを教えた。
> 　被害生徒とその保護者は，教員に通報し，相手の生徒への指導を要求した。生徒がTwitterに投稿した理由は，自分の意見に共感を得たかったためと考えられるが，いじめには至らない内容のものであり，LINE等の会員のみが利用できるサービスをすべきであった。
> 　Twitterは広く情報を広めることが特徴である。普段Twitterを使用する際は，フォロワーからの反応が薄いために忘れがちであるが，ツイートは常に世界中に発信されており，秘密は無いと考えるべきである。
>
> ○いじめ
> 　男子生徒7人は，LINE上で男子生徒のことを「きもい」などと暴言を書き込み，いじめ行為を行った。
> 　被害生徒は悩んだ末に，保護者に相談し，保護者から担任の教諭に相談があり，学校はいじめの疑いがあることから加害生徒から聴取し，暴言の書き込みをした事実を確認し，書き込みがネット上のいじめであると認め，加害生徒に指導を行った。
> 　LINEでのいじめが徐々に増悪していったケース。LINEでのいじめは，外部からの監視が困難であり，本人からの相談等がないと発見が困難なことが多い。
>
> ・Twitterで，誹謗中傷を繰り広げたケース。
> （Twitter上で生徒同士及び卒業生を巻き込んで個人を誹謗中傷したもの。民事訴訟に発展するおそれが十分認められたケース。生徒らはツイッターの拡散能力を軽視していたと考えられる。）

　SNSを使ったいじめはこのように多岐にわたり，大きな案件となるケースが存在し，子どもの人生を狂わせてしまう。いとも簡単に発生し，あっという間に重大事態に陥る特色をSNSはもっている。ここにAIが搭載されれば，

[3] 長野雅弘（2014）『茨城県私立学校生徒指導部会報告書』より一部改変

問題はさらに複雑化するおそれを現場の教師たちは抱いている。

　早期発見，早期手当てが教師のみならず，あらゆる場で大人にとっても求められることである。各自治体や警察，地域の大人，もちろんPTAなどの大人たちが学校と連携・協力して解決に当たる時代になってきている。自治体単位で警察との連携を公式に書類に調印・捺印し締結したうえで施行しているところすらある。子どもたちを救うためである。

　また，いくつもの県，市で，子どもを救うためのセーフティーネットというものを張りめぐらせている。この学校でダメだったらこちらに転校できるように地域で協力していこうというシステムである。県単位で協力していこう，公立から私立へを可能にしよう，私立から公立へを可能にしよう，公立間同士も私立間同士も可能にしよう，というシステムである。すべて子どもを救うために，杓子定規に対処せず，柔軟な対応を考えた結果である。

　「いじめられての転校はいじめ重大事態なのですか？」という質問を受けることがある。前出の実例および文部科学省の規定から，明らかな重大事態である。以前なら「これ以上いじめられるのは嫌だ」といって退学していたのだが，被害者が学校教育を受けることを放棄する必要はない。子どもが教育を受けたいと希望すれば教育を受けさせてあげなければならない。教育法規や児童憲章に明記してあることを忘れてはいけない。そのためのセーフティーネットである。

　もう1つのいじめの原因として注目されているのが，「学校カースト制度」である。カースト上位の子どもはいつもいじめる側で中・下位の子たちはいつもいじめられる側である。立場が決まっていて，それを覆すのは子どもにとっては大変なことである。こういうカースト制度は会社やマンション住民などにも見受けられ，常に誰かを下に見ていると自身の精神状態が安定するからだと心理学者たちが喝破している。しかし，学校で子どもたちが入学早々位置づけやレッテルはりをされてはたまったものではない。人は変わるし，人はみな違う，という人間についての正しい認識と指導が社会，学校でされてこなかった証である。カースト制度が存在している以上，常に不安定なクラス状態が存続

しつづけ，常に誰かがいじめられることになる。これらをふまえ，どうしたらいじめを失くせるのか，いじめを早期発見できるのか，いじめの芽が小さいうちに摘み取れるのかを考えてみよう。

　小さな芽のうちに摘めば，重大事態につながらず，子どもは救われる。そのためには，担任の教師が，または，教科担当の教師，保健室の養護教諭，あるいは学校に配置されているスクールカウンセラー，そして保護者がいじめを発見できればいいのだが，それらの大人たちがいじめを発見すると，すぐ行動しなければならないのにフリーズ状態になってしまう場合が多い。なぜなら，保護者はともかく，発見した教師の評価が下がるからである。とくに担任の場合に多い。学年主任や管理職に「私のクラスでいじめが起きました」と報告すると，「あなたのクラスではいじめが起きたんですか！　あなたは無能ですか！」と言われかねない。いや，言われた経験のある教師も多いのではないだろうか。すると教師は自己防衛のために，二度とそういう報告を管理職に伝えることをしなくなる。子どもから訴えがあっても，見て見ないふり，聞いて聞かないふり，「そんなことないから」とごまかす始末である。じつに風通し悪く思えるが，これが「チームとしての学校」ではない多くの学校の実態である。いじめ問題や不登校問題など，さまざまな子どもの問題に正面からぶつからなければならない大人が，とくに教師が，自己保身のためにこうした逆向きの対応をしている現実を危惧する。被害者の子どもはいつまでたっても被害者のままで，問題は水面下でさらに大きくなってしまう。こういう事態を避けるために，いじめ発見教師を責めずに，逆に「よく見つけてくれた。これで子どもは救える」とほめる管理職指導が行われはじめ，各地に広がりをみせていることは，わずかだが光明である。

　たとえば，筆者が私立中・高の校長（私立学校5校で16年目）をしているときに，いじめを発見した担任を職員会議で表彰したことがある。「よくぞ，見つけた。これであの子が救われる」。この後，風通しが一段とよくなったことは言うまでもない。そして，何かあったら，何かを見つけたら，何かを感じたら，「チームとしての学校」の動きが加速した。

それ以降，いじめは発見したら，気づいたらすぐに管理職に伝え，チームとしての学校でその問題にあたるという風通しのよさ，気風が生まれて，重大事態に陥るケースはゼロになった。それどころか，波及効果として生徒指導上の注意を受けた生徒の懲戒処分（謹慎または退学）もゼロになった。すべてはこのように運ばないとしても，成功を収めた実例として受け止めてほしい。

5 カギとなる第三者からの情報

　セルマンの発達段階によれば，女子は小学校4年生から，男子は小学校5年生から自我の芽生え[(4)]が始まり，自分と他者との違いに気がつきはじめる。このときが社会常識やルールを大人が教える最適な時期となる。校則についても同様である。

　ルール，社会常識そして校則を教えても，聞く耳をもたずということがあるといわれることが多い。しかしそれは教え方が悪いということに他ならない。

　たとえば，読者のみなさんはなぜ赤信号を渡らないのか。それは，渡ったら轢き殺されてしまう，はねられてしまう，死んでしまうかもしれないですか。ところで，どうしてそれを知っているのか。言葉だけではなく，テレビや映像でも見ている。怖いし，実感がわく。だから渡らない。文字だけではなく，話だけではなく，このようにして現実の世界をバーチャルで見てもらうと，さまざまなことが疑似体験できる。

　いじめに関しても同様である。こうしたら加害者になってしまう。加害者も苦しむ，被害者をこんなに苦しめたという以外にも加害者も苦しむ。被害者になってしまうと，まさに地獄の苦しみを味わう。「わ，いやだな，こんな苦しみ味わいたくないな」という指導をしていくと，いじめの加害者にも被害者にもなりにくい。

　疑似体験によってじょうずに子どもたちを指導した教師に，「夜回り先生」として有名な，水谷修がいる。シンナーの恐ろしさを教えるために，骨が解け

▎(4) 渡辺弥生（2002）『VLFによる思いやり育成プログラム』図書文化社

る様子を実際に見せて(5)、各所で指導していた。効果は絶大であった。人の脳、体の中の骨が溶けてしまう様子を見て、悲鳴が上がる。疑似体験により、シンナーをしなくなった。

小さな子どもたちには、いじめの加害者、被害者の様子を教えられて知るというのは、たいへんショッキングなことであろう。しかし、教えなければならない。現実を知ることによって、初めて実感でき、知識が身につく。

教師が時期を逃さないこと。子どもに疑似体験をしてもらうこと。この2つが肝要である。

そういう疑似体験をした子どもたちのなかから、善意に満ちた第三者が現れる。いじめを知って何とか教師に伝えようとする。複数のいじめ加害者からいじめられてる（大抵1人か2人）をのぞいたクラスの第三者。クラスの構成でいくと8～9割以上を占めている。その第三者、とくに女子はクラスの状況や人間関係をよく知っていることが多いため、教師に「〇〇君がいじめられています」と、善意と正義感に満ちた訴えがある場合がある。担任教師を信頼してくれている子どもがクラスに3人いれば十分である。いじめの悲惨さを疑似体験した子どもたちであるならば、担任にいち早く伝えてくれる。「チームとしての学校」が構成されていれば、担任でなくても、教科担当者・保健室の養護教諭でもよい。信頼されている大人が存在していれば、そこに伝わる。その後は「チームとしての学校」で小さい芽のうちにしっかりと摘み取ればよい。

まずは、教師が信用されること信頼されることが第一である。

一方、教師が信用・信頼されていない場合、どうしたらよいのか。このために教育委員会がある。そして、第三者が学校ではなく教育委員会に匿名で通報できる。校長に直接訴えることができるシステムの導入が広がっている。Stopit というもので、アメリカでは絶大な効果をあげている。日本でも関東地方を中心に、多くの自治体に多く導入されはじめ、効果を発揮している。現在およそ6000校、330万人が利用し、ニュージャージー州では行政単位で利用している。SNS を使用してのいじめ手法を逆手にとったものである。今後こ

(5) 水谷修（2001）『薬物乱用』大修館書店

> ### ネットいじめの対策と実効性のある取り組み　コラム4
>
> 　児童・生徒のいじめは，常に起こっている。文部科学省国立教育政策研究所の「いじめ追跡調査 2013-2015 いじめ Q&A」によると，「いじめは常に起こっているものであり，"流行"とか"ピーク"という表現は，実態を誤ってイメージさせる不適切なものであることが分かります」と述べており，いじめの件数は一定数存在するといえる。
>
> 　そのなかでも，コミュニケーションアプリによるネットいじめに関しては，コミュニケーションアプリ特有の閉鎖性の高さから早期発見がむずかしい等，効果的な対策がなかなか見つかっていない。今後，児童・生徒のスマートフォンの普及率は高まっていき，ネットいじめの被害が増えていくことが予想されるなかで，効果的な対策に取り組んでいかなければならない。ではネットいじめの対策として，どのような取り組みを進めて行くべきであろうか。
>
> 　いじめ問題を考えるうえでは，加害者や被害者だけでなく，観衆や傍観者に注目することが重要である。森田洋司は，「周りで見ている子どもたちのなかから，『仲裁者』が現れる，あるいは直接止めに入らなくても否定的な反応を示せば，『いじめる子』への抑止力となる。」(『いじめとは何か』中央公論新社，2010年，p.132)と述べ，傍観者が抑止に向けた行動をすることで抑止効果が働くということを論じている。
>
> 　ネットいじめにおいては，閉鎖性が高く周囲からの対策が機能しづらいため，傍観者による否定的な反応や抑止に向けた行動がより重要であろう。今後教科化される道徳での授業や傍観者がいじめの抑止に向けた行動を安全に行える仕組みなどを活用し，傍観者の意識や行動が変化するような実効性のある取り組みを推進していきたい。
>
> 　　　　　　　(千葉大学教育学部附属教員養成開発センター特別研究員　谷山大三郎)

のようなシステムが増えると予想されている。

　これをいわゆる「チクリ」と揶揄されることがあるようだが，それは加害者側の論理であり，被害者側に立っていない。文部科学省のいじめ問題に対する施策には「被害者側に立つこと」と明記してある。被害者側に立たなければならない。

　また，そこまでしなければいじめはなくならないし，被害者を活かし，第三者に健全な市民感覚を養ってもらい，いじめ加害者には十分な反省と今後につ

いて考える機会になる。こういう機会を逃してはいけない。ここで初めて指導＝"その気になってもらう"ことができ，子どもたちの気持ちを活かすことができるようになるのである。

さらに学びを深めるために
・内藤朝雄『いじめの構造―なぜ人が怪物になるのか』講談社，2009年
・森田洋司『いじめとは何か』中央公論新社，2010年
・加納寛子編著『ネットいじめの構造と対処・予防』金子書房，2016年

第4章

大人とかかわる教師

> 新人教師の大きな悩みであるのが子ども以外の人間関係である。学校内での教師間における人間関係，管理職や上司との関わり，同僚や後輩との付き合い方，そして保護者との円滑な関わりと信頼形成などさまざまな人間関係がある。
> 本章では，具体的解決法の理解のために実例をあげて，筆者の長野（教職歴40年・校長職16年目・大学教授7年目）と鈴木由美（聖徳大学教授・臨床心理士）との対話形式で述べていく。なお両名とも日本教育カウンセラー学会に所属し，教師へのカウンセリング経験が豊富である。

1 新任教師との出会いから

　新任教師が入ってきたときに校長である筆者がまずすることは何かというと，校内を一緒に歩いて，わかりにくい点はあるかどうかを尋ねる。また，校内全体の雰囲気，要するに校内地図を頭と心に入れてもらう。新任は完全な部外者なので，歩いているといろいろな疑問がわく。それを聞きながら，また指摘を受けながら，学校の一員になってもらおうと務めていく。

　そうやってスタートして，しばらくすると，突っ走っていた新任教師たちが人間関係に悩みはじめることが多い。5月のゴールデンウィーク前後が非常に多い。生徒と同じである。初めて入ってきたわけなので新入生と立場は同じである。そうならないように，新入生と同様に，ゴールデンウィーク前にもう一度校内をともに歩き，もう一度地図（校内・在校生）を頭と心に入れてもらうようにした。

　校長と新任教師との人間関係というのは築くことは非常にむずかしいが，そ

の壁を崩すために校長自らが積極的に声がけをする。最後は校長に相談しようと思ってもらうためである。新任教師の場合，同僚とのつながり，管理職や上司とのつながり，何よりも保護者との関わりが一番大きな心の荷物，大きな壁になっていると実感しているので，新任教師に対する心のケア係という同性のベテランを決め，ケアに当たってもらうようにした。

2 保護者とかかわる

こうしたなか，一番の大きな問題は，保護者とどうかかわっていけばいいのかである。

長野 「鈴木先生にお聞きしますが，新任教師が保護者との人間関係に悩んで，潰れていってしまうケースが多々ありますが，潰れていきそうになったときにどのようなカウンセリング，対処をされていますか？」

鈴木 「幼稚園とか，保育園の先生というのは，すごく，丁寧に保護者とかかわっているんですけど，小学校にくると幼稚園とか保育園のような，本当に日々起きたことを保護者に話すみたいなことはなくなって，学校としてのお知らせとか，全体に向けた資料とかになってしまうので，保護者の方はもっと自分の子どものことを見てほしいとか，先生は，自分の子どものことをわかってくれているのか？　そういう不安が大きくなり保護者から怒りや心配・不安の電話がかかってきたりするんですね。」

長野 「そうですね，幼稚園や保育園の先生たちは，お母様との関わりっていうのは園児との関わりと同じように多いですね。」

鈴木 「毎日です。しかも人間関係がたいへん濃い状況です。」

長野 「そうです。ところが小学校に入ると一変し，親としては，子どもがお化け屋敷に入ったような気持ちになる。要するに学校内で何が起きているのかまったくわからないと聞きます。しかし，何をしているのか実況はできません。また，お便りや話す機会は非常に少ない。さらに，この子に関してじゃなくて，学年に関してクラスに関してこうでしたよというものが多い

です。ということは，この子に関してはこうでしたよ，というようなことを幼稚園や保育園にあるような手帳のようなものをつくればいいということでしょうか？　本来ならば，この時期からは外の師匠（学校の先生）に子どもを任せるという親の決断が必要なのですが。」

鈴木　「それは先生の負担がすごく大きいと思います。」

長野　「大きいですね。」

鈴木　「学校というのは，保護者のみなさんも小学校に通っていたわけなので，こういうものなんだなと理解はしていると思うんですけど，電話がかかってきたときには，その保護者のもっている不安や心配を担任の教師が聞いてあげることが大事です。ここで教師が逃げてはいけません。」

長野　「保護者との関係で悩むというのは，こじれてから悩むのであって，こじれないようにするためには，まず保護者の話をよく聴くことですね。無理難題にははっきりとできないことを伝えなければならない。何が何でもわかりましたではいけません。わからないことは信頼できる先輩や上司に相談してから答えるようにすることです。また，そういう間をおくと相手の怒りや悩みが小さくなっている場合が多いです。」

鈴木　「そうですね。保護者には保護者の考えがあります。たとえば，うちの子の体操服がなくなっていたんですけど，先生，どういうことでしょうか…のような電話がかかってきたときに，じつは私も全然気がつかなかったんですけども，いつごろからなくなったのですか？　ということを逆にお母さんにいろいろ質問してしまうと，お母さんは，自分が学校にいるわけではないので，よくわからなくて連絡したのにと思われてしまう。先生が私に質問してきても，それは先生が知っていることでしょ，というような厄介な迷路に入ってしまいます。うちの子どもの体操服がないんですけど，っていう電話がかかってきたら，そうなんですね，というふうに質問ではなく聞くに徹していくと，お母さんの頭の中が整理されはじめ，解決に通じる場合が多いです。」

長野　「具体的に最低何分間は聴くに徹するという基準はありますか？」

鈴木 「アメリカで人の話を聴くときには，3分間は相手の話を聴いてください という論文があります。私も最低3分を基準にしています。」

長野 「そうですね。ありますね。私も最低3分を基準にしています。興奮して電話をかけてこられた場合では，3分で済まないと思いますが，長々と苦情を聞いてしまうより，どこかで打ち切り，教師が口を挟む方法が有効です。」

鈴木 「たとえば先ほどの話ですが，うちの子どもの体操服がなかったんですけども，と電話があったとき，先生がいつからですか，今までもそんなことあったんですか，のような質問をすぐにしてしまうと，お母さんは自分は何を言ったらいいのかわからなくなってしまいます。本当は学校に忘れてきたかもしれないので，それを取りに行ってもいいでしょうか，というお母さんの単純な電話だったかもしれません。いじめられていますか？　というようなことを先生が言ってしまうと，そういうことがあるのかもしれないとか思ってしまい，余計不安をかりたててしまう状況を生みがちです。このお母さんがなんのために自分に電話をしてきたのか。どんなことを知りたいのか，ということをやっぱりじっくり3分は聴いてあげることが一番大切です。それを聴かなくて質問を教師側が先にしてしまうと，この先生はちっとも自分の話を聴いてくれない先生だと思われて関係がこじれてしまいます。今はLINEのようなSNSがあるので，あの先生ちっとも聴いてくれないわよー，というのがすぐにお母さんの間で流れ，多くを敵にしてしまいます。」

長野 「保護者の多くが，先生に対する信頼をなくす，いうことになりますね。初期対応がいかに大切かの事例ですね。
　年齢にかかわりなく話を聴いてくれる先生，親の話を聴いてくれる先生というのは信頼を集めます。初期対応の仕方を話しましたが，さらに，親が味方になってくれる方法について話を進めましょう。」

3 保護者を味方にする

長野 「まずは聴く。親の頭の中を整理してもらう。心の不安を取り除いて

もらう。信頼してもらう。このあとかける言葉として，先生が『一緒に，子育てしていきましょう』というべきです。すると子育てに不安がいっぱいの親が相当安心してくださり。教師の味方になってくれます。」

鈴木　「そうですね。連帯感が生まれます。うん，やっぱり，子どものことは学校にお任せとか，そういうふうに思っている親もいらっしゃるので，うまくいかないのは，学校のせいだ，とかになってしまいますから，一緒に育てて行きましょうね，ってなると親も自分の子どもの教育にかかわっていくということになるので，とてもいい方法です。」

長野　「必ず最後にはそういう風にいくように教師を指導してきましたが，まだ，そんなに浸透はしていません。とくに小さなことでのいさかいというのは小学校，そして中学校1年生がとくに多いのですが，いじめにつながっていくような事柄がずいぶんあります。第一歩のところで，親の話を聞かない，逆に質問をする。一緒にやっていきましょうではなくて，私に任せてくださいなんて言ってしまうと，親は『私は必要ないのかのかな』と思ってしまいます。親への疎外感，親が無関心になるきっかけになってしまうので，そこはしてはいけません。

　また自分ではわからない，解決できない場合は管理職・上司または，先輩に必ず報告・相談しなさいと指導してきましたが，これは新任教師は，なかなか言えないという事実がありませんか？　上司，同僚との人間関係です。この話に入ります。」

4 上司・同僚とかかわる

鈴木　「まず，人間関係についてです。高校や大学で部活動に入っている生徒・学生が非常に少なくなっているので，先輩・後輩といった体験がなく，上下関係のイメージがわきません。若い人の人間関係というのは，ほとんどアルバイトでの経験です。」

長野　「高校・大学でそう過ごしているから，上からの指示待ちで終わって

しまっている。昨日まで学生だったから，今日から教師だと言われてもそれを引きずっていて，指示待ち人間になっている場合が多いということですね。」

鈴木　「そうです。アルバイトというのはどちらかというと，上司からこうやりなさい，あれやりなさいというのを言われるのを待っていて，要するに少しでも違うことはしないほうがいい，上司の指示にそのとおり従えばいいと思っています。学校で自分が教師になっても，上の人がこうしなさい，ああしなさい，こうしなさいと言ってくれるのを待っているところがあります。私が今こんなに苦しんでいるんだから，もっと上司はこういうべきだとか，こんなふうに私を指導してほしいと思うだけ。指示待ちで被害者意識の塊です。」

長野　「昔とはずいぶん違うわけですね。」

鈴木　「先ほど長野先生がおっしゃられたように，今，自分に起こっていることや事実を，上司に伝えていくということがむずかしいと思われます。」

長野　「そうですね。確かに私も大学で学生を見ていて，人間関係の希薄さというのが気がかりになっています。子どもとの人間関係，親との人間関係，教師間の人間関係が最も濃密でなければならないのに，希薄さを引きずっています。教育がそもそも成立しなくなってしまっています。」

鈴木　「はい。解決していくにはどうしたらよいのでしょうか？」

長野　「そういう人たちにするアドバイスとしては，恥ずかしくても，自分が失敗して隠したいと思っても，正直に先輩や上司に話をして指示を仰ぐというのが理想ですが，それができないうちは，できるように同性の先輩教師や管理職が絶えず声がけし，話しを聴くという子どもに対する対応と同じことをしていく必要があります。このことが奏功し，徐々に他者との人間関係がつくれるようになっていった事例は数多くあります。私もそうしてきました。」

鈴木　「そうですね。やはり最初はいろいろ失敗したり，うまくいかないことはたくさんあります。それを素直に，打ち明けられることが必要だということ。そして上司や先輩教師が，こんなこと知らないのか，なぜ教師になっ

たんだ，のような完全否定をするのではなく，ここも聴くということに徹してほしいです。そのうえで，今後どうしたらいいのかは自分で考えてもらうようにすることです。」

長野　「体験する・調べる・発表する・人に教えるといった学習法は講義型＝話を聴くだけより，はるかに有効性があるとMITやスタンフォード大学で証明されました。アクティブ・ラーニングそのものですね。上司や先輩教師も新任に対しては，生徒に対するのと同じようにこういう手法を使ってはどうでしょうか。最終的には自分で考えて結論を出せるようにならなければなりませんから。有効性が証明された手法の使用を勧めます。一般的に小学校も中学校も高等学校も，教えることはすぐにじょうずになります。教えることだけに関していえば，先輩をあっという間に追い越すことができます。ところが，子どもにその気になってもらうとか，親に協力的になってもらうという領域になると，よい年のとり方をした先輩にはなかなか追いつけません。そういうことへの対応の仕方としては，あこがれの先輩，あこがれの上司を教師集団から見つけ出し，徹底的に真似をすることです。たいへんよい学びになります。」

長野　「鈴木先生は心理学を応用した集団の人間関係づくりを専門とされていますが，子どもたちだけではなく，教師集団でも先生が専門とされて手法は通用しますか？」

鈴木　「はい通用します。先生方が少しでも集団・グループでの活動を経験すると，それを自分のクラスでもやってみようと思いはじめます。なぜなら，集団づくり活動を経験すると，集団での居心地が格段によくなるからです。子どもたちで形成される集団でも，子どもたちがクラスでの居心地がよくなれば，クラスパワーで子どもが大きく伸びます。だから，自身の経験をクラスにもち込もうとします。これを職員室にもち込んだらどうだろうということで何度も検証してみたら，教師集団パワーが格段に上がり，人間関係がよくなりました。新任者や転勤者が入るたびにこのような集団活動を4月に行えば，風通しのよい年度が送れるのではないでしょうか。」

| 長野 | 「鈴木先生がやられていることは，閉鎖的な学校，職員室内がセクト主義みたいになっていて，風通しが悪い学校。そういう部分を改善し，"チームとしての学校"として子どもたちみんなを見ていくという第一歩ですよね。具体的にはどのようなことを先生されていますか？」

| 鈴木 | 「4月に先生方が入られたときに，先生方全員とグループ活動のやり方を説明して，実際にやってもらっています。」

| 長野 | 「そのような手法を，教えてくださる臨床心理士の方だったらずいぶんおられますよね。各学校にそれぞれ1人行かれて，グループ活動を行えば，"袖振り合うも多生の縁"で心が通じてしまいます。お互い話しやすくなります。4月にそれが行えるようなシステムづくりとかがあるといいですね。」

| 鈴木 | 「さらに，女性でも男性でも，お父さんくらいの年代の方と接するとき，自分と父親との関係がよければ，うまくやっていけます。自分の父親との関係がよくなかったりすると，敵対意識をもってしまいます。それはお母さんとの関係においても同じです」

| 長野 | 「学校にはお父さん先生，お母さん先生，お姉さん先生，お兄さん先生がいます。自分に合う人に（背景的にも）相談をもっていけばいいのですね。あとはその相談を受けた人が上司にこそっと話しておけば，スムーズな人間関係の流れができるというわけですね。」

5 人との関わりを活かす

| 長野 | 「まとめたいと思います。新任教師が親御さん，または先生との人間関係で悩んでしまう。まず保護者との人間関係においては，お母さん一緒に子育てしていきましょう，お父さん一緒に子育てしていきましょう，協力してもらえませんか，という一言が大事。前提として，親の話をじっくりと聴くこと。つぎに，アドバイスをもらうときには，お父さん先生，お母さん先生，お兄さん先生，お姉さん先生，自分がこの人は信頼できるなという，家庭での人間関係がそのまま社会での人間関係につながるので，そういう人を

見つけて話をしていって相談にのってもらう。自分が成長してけば当然子どもも成長していくわけなので，子どものためにも指示待ち人間で終わらないこと。また集団づくりゲームなどを４月に取り入れ，お互いの壁を取り除くことができればなおよい。こういうことですね。」

鈴木　「そうですね。」

長野　「最後になりますが，今学校ではパワハラ，セクハラ，モラハラ，マタハラという，ハラハラするような話がいっぱいあります。これに対して学校では，管理職を中心にハラスメント委員会というのを設けているのですけれど，なかなか機能していません。そこで，校長室入口に『こうちょうポス

事例―Ａ先生（新任３カ月教師・４年生担任）　クラスの児童Ｂ子・Ｃ子・Ｄ子　　コラム５

　小学校の職員室に４年生の保護者Ｂ子の父親から電話が入った。「子どもの友だちのことで担任の先生と話がしたい」とのことで，Ａ先生につないだ。３０分ぐらいあとに用事を終え教頭先生が職員室に戻ってくると，電話を持ち泣いているＡ先生がいた，教頭先生の顔を見たＡ先生は泣き崩れ，床に座り込んだ。教頭先生が電話を代わったところ父親は，「担任を交代してくれ，頼りなくて安心して学校に行かせられない」と怒鳴っていた。

　その日Ｂ子は，Ｃ子とＤ子と一緒に遊ぶ約束をしていた。しかしいつまで待っても２人からの連絡がなく，Ｃ子の家に電話をしたところ，今日はＤ子と遊ぶと言って家を出たと言われた。Ｂ子は自分が仲間はずれにされたと，父親に泣きながら相談した。父親は自分の子どもがいじめにあっていると思い，学校に電話をしてきたのである。Ａ先生は父親の話を聞き，学校が終わってからの約束なので，子どもたちで解決したらいいのではないかと考え，いくつか解決方法を提案したのである。これが父親の怒りにつながり，父親はＡ先生に暴言を吐き続けた。Ａ先生は父親が何を求めて電話をしてきたのかを聴く必要があった。

　相談をするときに，すべての人が解決策を求めて相談をするわけではない。また泣きながら電話をしているＡ先生に気づくベテランの先生もいなかった。その後，保護者からの電話は教頭先生が担当することになったが，Ａ先生は恐怖で電話をとることができなくなった。カウンセラーの指導や管理職の疑似体験で今はもち直している。

ト』を設置しました。生徒でも保護者でも教職員でも誰でもが，校長に直接訴えて解決してほしいことを手紙にして入れるポストです。実名入り・匿名でも OK にしたら，月に何通も入りました。秘密裏に裏をとり，書かれていることが本当であった場合，皆にわかるように処分をしました。すると，悪事を働いていた大人たちが自らを改善しはじめたり，おかしなことをしなくなりました。これは校長にお勧めです。」

今の若い男性教師たちが，子どもへの愛情に満ちあふれて感情的になっている母親への対応で苦慮している。男性教師の心が押しつぶされるケースを多くみてきた。異性への理解が足らないことが一番の原因だと思われるので，筆者は次のようなアドバイスをしてきた。「お母さんの言葉をすべて文字にしてみなさい。感情でとらえてしまうとわからくなっていることが，文字にするとわかるようになる」文字にすると，枝葉ではなく，木の幹が理解できる。また，お母さんの感情が整理され，何を訴えたいのかがわかる。ぜひ試みてほしい。

さらに学びを深めるために
・諸富祥彦編「教師が使えるカウンセリングシリーズ」(全3巻) ぎょうせい，2004 年
・田上不二夫『実践 グループカウンセリング―子どもが育ちあう学級集団づくり』金子書房，2010 年
・石隈利紀・田中輝美・藤生英行編『生涯発達の中のカウンセリングⅡ―子どもと学校を援助するカウンセリング』サイエンス社，2013 年

カリキュラム・授業を創る教師

　みなさんは、これまで「学習者」として多くの授業を学校で受けてきたはずである。だからこそ、授業では何が行われるのか、大体のイメージはつくだろう。しかし、「教師」の立場から授業と向き合ってみると、「授業を受ける」と「授業を創る」の間には大きな違いがあることに気づく。
　教師はその場の思いつきで決して授業をするわけではない。そこには、一定の社会・文化的なルールが存在する。そのルールのもと、多くの期待を背負いながら、教師はカリキュラムというものを創り、授業を創るのである。ここでは、授業の「奥」にある背景や努力に目を向け、これからの時代にふさわしい学びを共創できる教師とは何かを考えてみよう。

1 カリキュラムとは

(1)「学びの地図」としての教育課程

　私たちは、あえて学校で学ばなくても、日常生活のなかでさまざまな人やモノとかかわる経験を通じて、多くのことを学んでいる。たとえば、話し言葉の基礎は保護者や周囲の人々との日々のコミュニケーションを通じて獲得される。こうした生活のなかで自然に発生する学びと、学校における学びとは性格が異なることをまずは理解してほしい。近代学校は「意図的・計画的・組織的な学びの提供」を特徴とする。各学校は入学から卒業、さらにはその後までを見通しながら、「教育課程」を編成し、児童・生徒の教育にあたることになる。
　教育課程とは「学校の指導のもとに、実際に児童・生徒がもつところの教育的な諸経験、または諸活動の全体」を意味する。より具体的にいえば「児童や生徒がどの学年でどのような教科の学習や教科以外の活動に従事するのが適当

61

であるかを決め，その教科や教科以外の活動の内容や種類を学年的に配当づけたもの」をさす。すなわち，何のために誰が何をどのような順序で学ぶのか，という「学びの地図」の役割を果たす。

では，各学校は独自の判断によって自由に教育課程が編成できるのか，といえば，現在の日本ではそうなっていない。教育基本法ならびに学校教育法そのほかの法令で基本的なルールが定められているからである。たとえば，教育基本法には教育の目的・目標や理念，学校教育法には各学校種別の目的・目標，学校教育法施行規則には各学校で教えられる教科目・教科外活動やその授業時数あるいは単位数などに関する定めがある。そのなかでも教育課程編成に最も大きな影響を与えるのが，文部科学省が告示する「学習指導要領」である。

(2) 教育課程と学習指導要領

学習指導要領とは教育課程の国家的な最低基準のことであり，教科目・教科外活動の目標や内容などの大綱を示すものである。公教育が果たすべき「教育の機会均等」「教育水準の確保」「最低限の学力保障」を目的に制定されており，基本的には「法的拘束力」が伴うと解されている。その性質から「国民形成の設計書」と称されることもある[1]。ただし，どこまで／どの程度の法的拘束力があるのか，については判然としない。

ちなみに，この学習指導要領は，教育課程の基準のみならず，①教育委員会による各公立学校での授業計画の届け出・受理・承認の基準，②教科書の検定および採択の基準，③教育公務員の勤務評定の基準，④入学試験や全国学力調査の試験問題の作成基準，および，⑤教科学習や教科外活動の指導を管理する基準としても用いられる[2]。したがって，その基準性を強めれば強めるほど，学校現場に対する実効的な拘束力は強まることになり，公権力の積極的な介入を認めることになる。その危うさも考えてみてほしい。

いずれにせよ，国が大枠のルールを基準として定め，それをふまえながら，

(1) 水原克敏 (2010)『学習指導要領は国民形成の設計書［増補改訂版］』東北大学出版会，pp.i-ii
(2) 天野正輝 (1999)『教育課程編成の基礎研究』文化書房博文社，pp.28-29（一部文言を改変）

各学校が創意工夫を生かした適切な教育課程を編成することになっている。公立学校の場合，その間に教育委員会がかかわる。くれぐれも注意してほしいのは，国や教育委員会が具体的な教育課程を編成し，学校がその下請けを担うわけではないということである。当該学校に在籍する子どもの心身の発達の段階や特性はもちろん，当該学校や地域の実態を十分に考慮しながら，各学校の教育的な価値判断による自己決定や合意形成のもとで教育課程は編成されるのである。そのもとで各教師は日々の授業を組み立て，教室という場において，子どもたちとともに学びを創ることになる。

(3) 教育課程からカリキュラムへ

　教育課程を英語に訳すとカリキュラムになる。しかし，カリキュラム研究において，この２つの概念は訳語の関係を越え，あえて使い分けられている。前者の場合，制度レベルや計画レベルをさし示す概念とされ，主に行政用語として使用されてきた。公文書として扱われ，制度的な制約をふまえた事前の計画に重きをおく点に特徴がある。それに対して，後者の場合，実施レベルや経験レベルまでを含める概念とされ，主に学術用語として使用されてきた。それは①計画したとおりには実践されない可能性，②子どもは教えたとおりには学ばないという事実，③教師が予期しないことを知らず知らずのうちに学んでいるという事実などに積極的に目を向けるためである。

　いくら崇高な理念を掲げて「紙キュラム」を充実させたとしても，具体的な実践が伴わなければ絵に描いた餅にすぎない。計画はあくまでも「仮キュラム」であり，必ずしもそのとおりに実施されるとは限らない。学力低下論争において，いわゆる"ゆとり教育"には非難にも近い批判が向けられたが，そもそもどの程度その主旨に適った新たな教育が現場で実践され，どれだけ豊かな学習経験を子どもたちが得ていたのか，冷静に分析してみる必要があるだろう。たとえば，2006年に発覚した「未履修問題」は，理念・計画と実践の乖離を象徴する事例である。

　また，教える側の意図と学ぶ側の経験もまたズレが生じやすい。教師として

はねらいをもって教えたつもりであっても,それをどのように受け止めるのかは子ども次第である。子どもの受け止め方はじつに多様であり,だからこそ,教師が「何を教えたのか」だけでなく,一人ひとりの児童・生徒が「何を学び取ったのか」にもかなりの注意を払う必要がある。あわせて,教育には,薬品と同様,効用のみならず副作用もつきまとう。教師はよかれと思ってやったことが,結果的に勉強嫌いを多数生み出していたのだとすれば,子どもは教育内容そのものよりもネガティブな学習の構えを学び取ったことになる。

近年,行政用語としてもカリキュラムが使われはじめたが,その理由は評価を通じてカリキュラムを不断に見直すカリキュラム・マネジメントの重要性が認識されはじめたからである。総じて,学ぶのは子どもであるという原点に立ち返り,彼ら/彼女らの学習経験の内実から自らの指導計画やその実践を不断に省察し,柔軟に対応しながら改善に努める必要性をカリキュラムという概念は提起する。

2 カリキュラムを創るとはどういうことか

(1) 社会・文化的産物としてのカリキュラム

これさえやっておけば間違いないというカリキュラムはそもそも存在しない。社会や文化が変わればカリキュラムも変わるのである。カリキュラムが変われば,社会や文化もまた変わるのかもしれない。社会・文化とカリキュラムは切っても切り離せない関係にある。基本的には,過去を現在に継承し,まだ見ぬ未来に備えるための装置として,時代状況と時代予測に応じながら,その役割と機能を果たすことが,カリキュラムには求められてきた。

しかし,誰がどの立場から社会や文化のどの部分を切り取るのかによって,そこから導き出されるカリキュラムは異なってくる。学校教育にかかわる関係者を考えてみてほしい。たとえば,時の政権を担う施政者,企業の経営者,学者,文化人,市民活動団体,地域住民,保護者,教師など,かなり多くの社会・文化的役割を担う人々が学校教育にそれぞれの関心と期待,要求を寄せて

いる。それらの思いが交錯するなかでカリキュラムは創られるのである。ただし，思いは利害にもなり，対立を生み出すことがある。実際にカリキュラム編成の基準となる学習指導要領の改訂作業で最も困難なことは，利害関係の調整にあるともいわれる[3]。各学校でカリキュラムを編成する際も，各教科間や教師－保護者間の利害関係の調整などに苦労する声が聴かれる。

いずれにせよ，限られた時間で最大の成果を生み出すために，誰かが何らかの立場から価値判断を下すことによって，学校教育で主に取り扱う教育内容が取捨選択される。普通教育としてすべての国民が学ぶに値する内容は，個人生活，家庭生活，社会生活，経済生活および職業生活それぞれのあり方に即して設定される必要があり，教科目の枠組み自体も決して所与のものではない。教科書もまた特定の社会的要求と価値観に基づいて編纂されていることを忘れてはならない。

このようにカリキュラムが社会・文化的産物である以上，そこには何らかの利益が見込まれる。それは「誰に」とって都合のいい利益なのかという視点からカリキュラムの力学を読み取る必要がある。子どもの最善の利益がないがしろにされることは避けなければいけない。

(2) カリキュラムづくりの原則とプロセス

往々にして，学校現場では年間指導計画を作成することがカリキュラムづくりと同じ意味でとらえられてしまうきらいがある。その際，採択した教科書の章構成の順序をそのまま踏襲することも散見される。いずれも間違いではないが，それらはカリキュラムづくりのほんの一部にすぎない。「カリキュラム編成権」は決して欠かすことのできない，教師の専門職性の1つだということをしっかりと理解してほしい。もしその権限を奪われると，教師は教育の主体を担うことができなくなるからである。「カリキュラムづくりの主体は各学校である」，この言葉の意味は重い。その原則とプロセスは次のとおりである[4]。

(3) 水原克敏 (2008)「わが国の教育課程行政」柴田義松編『教育課程論（第二版）』学文社，pp.49-58
(4) 文部科学省 (2017)『小学校学習指導要領解説 総則編』を参考に記述した。中学校や高等学校も基本的には同様である。

まず，カリキュラムづくりの原則は，①教育基本法および学校教育法そのほかの法令ならびに学習指導要領の示すところに従うこと，②子どもの人間として調和のとれた育成をめざし，子どもの心身の発達の段階の特性および学校や地域を十分考慮することである。「ナショナル・ミニマムの達成（国民的最低限の教育達成）」と「ローカル・オプティマムの実現（地域最適化）」を念頭において，各学校は校長のリーダーシップのもと，全教職員による対話と協働を通じて，学校として統一された，しかも特色のあるカリキュラムを編成する必要がある。

次いで，カリキュラムづくりのプロセスはこれまでさまざまなモデルが提唱されてきたが，下記のような手順が基本となる。

① カリキュラムの編成に対する学校の基本方針を明確にする。
② カリキュラムの編成・実施のための組織と日程を決める。
③ カリキュラムの編成のための事前の研究や調査をする。
④ 学校の教育目標などカリキュラムの編成の基本となる事項を定める。
⑤ カリキュラムを編成する。
　ア）指導内容を選択する。
　イ）指導内容を組織する。
　ウ）授業時数を配当する。
⑥ カリキュラムを評価し改善する。

各学校は，各法令や学習指導要領，教科書に書かれているからそのとおりに指導するのではない。それらもまた「研究」や「調査」の対象なのである。最終的には自分たちの手で目的・目標を導き出し，最もふさわしいと考える指導内容を選択・組織するとともに，その実施状況の評価を通じて改善しつづけるのである。児童・生徒の「今ここでの生活」や「まだ見ぬ将来の生活」との関連において，それらは学ぶに値するものなのか，つまり，教えと学びの必然性を見いだし，カタチにしつづける努力が求められる。

(3) これからの時代を創るカリキュラムへ

　カリキュラムづくりの根底は，時代認識と時代展望にある。私たちはどのような社会を生きているのだろうか，そして，どのような社会を生きたいと願うか。そのためには，どのような資質・能力や教養を兼ねそなえた人間を育む必要があるのか，その際，どのような学びがふさわしいのだろうか。2017年3月に告示された小学校・中学校学習指導要領の改訂では，従来とは異なり，2030年の社会と子どもたちの未来が描かれ，そこからあるべき教育の姿が導き出された（高等学校は2018年3月に告示）。これは特筆すべきことである。とはいえ，それをそのまま受け入れるのではなく，自分たちの学校に集う人々が同様の問いを引き受け，自分たちの手でこれからの時代を創るカリキュラムと授業のあり方，つまり，共通善を探求しつづける，そうした姿勢が本来は必須になる。

　今日の教育の最大の危機は「学び疎外」[5]であるといわれる。それは「対象性の喪失」「他者の喪失」「意味の喪失」に起因するとされる。もし受験や学力テストがなかったら，教師は子どもたちをどこまで授業に惹きつけることができるだろうか。改めて考えてみてほしい。学校教育に成果が求められるのは当然である。ただし，PDCAサイクル（Plan；計画→Do；実践→Check；評価・検証→Action；改善）を基本とするカリキュラム・マジメントにおいて，もし単に数量化しやすいものだけで教育の成否を判断し，その数値改善を目的化することになれば，それは子どもを「商品」として扱っているのと同じである。「人間らしさ」「人間ならでは」の視点が軽視されることはあってはならない。

　教師や子どもは決してテスト結果のために教え学ぶのではない。「私たちはどう生きるか」という主題に向けて学び続けるのである。その主題のもと，教科横断的な視点から教育活動の改善を図り，教科等や学年，さらには学校の壁を越える「社会に開かれたカリキュラム」の実現が待たれる。雪だるま式に膨れあがる社会的要求のなか，各学校は「学校でやるべきこと」に専念できる状

---

(5) 佐藤学（2013）「学びの共同体における協同的学びの考察」第5回学びの共同体研究会冬季研究会講演

況を地域や家庭と協働しながら自らが創り出していく必要がある。

3 よい授業 (Good Practice) とは

　ここまでの内容を学び，みなさんはカリキュラムや授業を創ることは，とてもむずかしいと感じたかもしれない。たしかに簡単なわけではなく，その奥は深い。だからこそ，教育はおもしろいということもできる。カリキュラム・授業を創る教師が歩む道のりにゴールはないが，やれるところから始める，それに尽きる。手がかりはすでにみなさんの足元にある。それを紐解くことから始めてみよう。

(1)「反面教師」から考えると？
　みなさんはこれまで多くの授業を受けてきたはずである。そのなかには，おそらく「あの時間を返してほしい」「もう二度と受けたくない」と思うような授業もあったのではないだろうか。そうした自分にとっての最悪の授業のことを，次のような手がかりを参考にしながら思い出してみてほしい。
　・教室のレイアウトはどうなっていただろうか？
　・教師の立ち位置は？　教師はどこを向いて授業していただろうか？
　・教師の表情や話し方，口調は？　教師がよく口にするセリフといえば？
　・授業の始まりから終わりまで，どのような流れだったか？
　・教師は何を使って授業をしていたか（教材や教具など）？
　・教師と児童・生徒はどのようなやりとりをしていたか？
　・児童・生徒はどのように授業を受けていた？　そのときの表情は？
　・少なくとも自分はどのような気持ちで授業を受けていたか？
　さて，みなさんはなぜその授業のことを「最悪」だと判断したのだろうか，その理由をしっかり考えてみることが重要である。受講者同士で互いの最悪の授業を披露・分析しあったりすることで，その傾向を見いだしてみるとなおよい。実際にある学生たちが抽出した経験パターンの1つを例示すると，次のと

おりである。みなさんは心当たりがあるだろうか。

> 　授業が始まり次第，出席を確認し，すぐに教科書を開く。指名された子どもが教科書の一部を音読する。教師は太字で書かれた重要語句を中心に板書しながら一方的に説明しつづける。たまに教科書に書いてあることを質問されるが，それ以外は板書しつづける。教師の声は小さく，ただただ平坦な口調かつ無表情で，教科書や板書を見ながら説明しつづける。教科書の音読中を除き，教室内を動き回ることはない。時間が経つにつれて眠りだす子どもが現れ，内職をしている子どももいる。注意することはあるが，またすぐに説明が始まる。たまに教師が「ここはテストに出るぞー」と言うと，みんなの顔が上にあがる。一通りの説明後，問題が課され，その答え合わせをする。寝ている子どもや成績の良い子どもがあてられやすい。子どもは基本的に板書の内容や問題の解答をノートに書き写したり，教科書にマーカーを引いたりするだけである。そうしないとテストのときに困るから，理由はそれに尽きる。静寂な教室には教師の声が響き，時間が過ぎる遅さに打ちひしがれた。

　そのほかにも，教科ごとに何らかの傾向を見いだすことも可能である。ひたすら機械的な暗記を求められる社会や生物，文法を覚え品詞分解しつづける古典や漢文，ただただ構文分析しつづける現代文，文法解説・訳読によるほぼ日本語中心の英語，公式のあてはめ練習が繰り返されつづける数学などが代表的である。

　これらの授業は決して崩壊しているわけではない。ただし，子どもの側からすれば「耐え忍ぶ」最悪の授業として映ったわけである。学ぶのは子どもであるという原則に立てば，その感覚はむしろ重要である。それらの授業を「反面教師」にすれば，そこから自らが挑戦する授業づくりの最低限の目標とポイントを導き出すことができる。

　それらはたとえば，「笑顔でハキハキと話す」「子どもの顔を見て，コミュニケーションをとりながら授業を進める」「時間どおりに必ず終わる」「授業のねらいを子どもに伝えてあげる」「身近な例や具体例と結びつける」「興味を引きそうなトリビアを用意する」などかもしれない。それらは決して侮ることはできず，授業づくりにおける最初の貴重な一歩を踏み出すにふさわしい。

(2)「最高の経験」から考えると

　最悪の授業もあれば，最高の授業もあったはずである。その経験を紐解けば，子どもたちの心に響くよい授業（Good Practice）の仮説的な条件を発見することができる。ここでは，みなさんが経験してきたさまざまな授業のうち，最も自分自身が学びの情熱を解き放ち，学ぶことに手ごたえを覚え，イキイキと目を輝かせながら学んでいたときのことを，次の問いを参考にしながら思い出してみてほしい。

　　・それはどんな状況だったか？（先述した手がかりを参照）
　　・教師のどのような工夫や努力が見受けられたか？
　　・教師以外のことで，最高の経験を得るために役に立ったことは何か？
　　・具体的にどのようなところに手ごたえを感じ，学ぶことに楽しさや喜びを見いだしたのだろうか？

　最高の授業に関する経験から，私たちはじつに豊かな実践が日本でも行われていることに気づくことができる。よく日本の教育は画一的・機械的だと批判されるが，一概にそうとは言い切れない。それらの授業を成り立たせている要因や条件に目を向ければ，「明確かつ必然性のある学習目標と学習課題（発問）の設定」「教科書以外の素材の利活用」「日常生活・社会生活とのリンク」「五感に訴えかける工夫」「互いの意見を表明しあい，それらを尊重しあう関係性」「教師からのポジティブな働きかけ（共感，承認，叱咤激励など）」「他者と目標に向けて協同する活動機会の設定」「建設的で前向きなフィードバック」「子どもたち自身による具体的達成とその実感」などがあげられることが多い。

　また，自分自身の経験，さらには他者との経験の交流を通じて，最高の授業と最悪の授業を比較してみれば，そのズレに自分なりの価値観を見いだすことができる。自分は何を大切にしてこれからの授業づくりに臨みたいのか，「よい授業」のイメージを描き，その条件を暫定的に定めてみよう。あわせて，その授業を実現するために必要となる努力にも目を向けてほしい。教師は日頃から「授業の奥にある努力」を地道に積み重ねており，日本の学校には教師同士が互いの授業から学び合う「授業研究」という伝統も根づいているのである。

> **教科外活動・課外活動から教科学習を問い直す！**　　コラム6
>
> 　「最も思い出に残る学校体験」と「興味深い・熱心に取り組んだ授業体験」に関する学生のレポートを集約・分析した久冨善之によれば[6]，部活動や特別活動（とくに学校行事や校外教室・行事など），総合的な学習の時間などの教科外活動・課外活動に比べ，授業が最高の思い出になることはあまりなく，多くの授業は感動の場とはなっていないという。この結果は，多くの子どもたちに感銘を与えつづけてきた教科外活動・課外活動の学びを成立させている諸要因や諸条件に目を向け，そこから「学びのあり方」を学ぶことで，教科学習のほうをリ・デザインする必要性を示唆する。
>
> 　現在，カリキュラムを社会に開き，主体的・対話的で深い学びを実現することが各学校には求められている。その際，じつは教科外活動で掲げられる「自己実現」「社会参画」「人間関係形成」「横断的・総合的な問題解決」を教科学習がいかに引き受けるかが意外と鍵を握る。教科外活動や課外活動における学びの性質を手がかりにして教科学習を見直した場合，各教科に固有な見方や考え方をどのように獲得できるよう，教師は子どもの学びを導くだろうか。そうした発想の転換も大事になる。

4 オリジナルな授業づくりに向けて

　授業づくりとは，教師が明確な自覚のもと，児童・生徒の学習過程におけるまとまりを教育的に意味あるものとして適切に生み出そうとする行為である。カリキュラムに基づきながら各授業は構想され，基本的に「目標」「学習課題（発問）」「教材・教具」「方法・形態」「評価・改善」を構成要素とする。ちなみに，複数回の授業で1つのまとまりを構成したものを単元と呼ぶ。いずれも，一般的には「導入−展開−まとめ」という流れでその工程が組まれやすい。教師は事前に単元・授業の計画を学習指導案として文書にまとめ，授業に臨むことになる。「教師は二度授業する」といわれることがあるが，学習指導案の作成は実際に授業をするときと等価であり，それだけ事前の準備が重要になる。

　実際，よい授業をしようと思えば思うほど，教師には児童・生徒が実際に学

[6] 久冨善之（2015）「日本の学校と子どもたちの学校体験」『教育』No.834，かもがわ出版，pp.5-13

ぶ内容の数倍の「教材研究」が必要になる。教科学習の場合，教師には教科書の使用義務が課されるが，見方を変えれば教科書は「教材の宝庫」でもある。まずもって，教師が教科書に書かれた内容を理解しておく必要があるのは言うまでもない。その際，教科書会社によって学習課題の提示の仕方や記載内容・方法が異なるため，ぜひ複数の教科書を見比べながら学び直してほしい。あわせて，異なる学校種別の教科書や，指導内容と関連しそうな他教科の教科書も参照するとよい。学びにおけるタテ・ヨコのつながりを見いだせるからである。

　ただし，教師には教科書「を」教えるのではなく，教科書「で」教えることが求められる。そのためにも，教師は教科書記述の行間や背景を読み取るようにし，関連書籍や各種資料の収集・読解やフィールドワークなどの調査・研究を重ねることで，何が本質的に重要なのかを見極め，何を教え／教えないのかを決定する必要がある。児童・生徒がつまずきそうな箇所をはじめ，興味・関心や知的好奇心を喚起し，学びの深化につながりそうな指導・学習上の仕掛けやストーリーを考えながら，教師と子ども双方の目線から調査・研究するところに，学者が行う研究とは異なる教材研究の特色がある。

　また，実際に学習指導案を作成することになったら，一からすべて自分の力だけで創り出す必要は決してない。優れた教師の先達の実践と知恵に学べばいいのである。図書館やインターネットで調べれば，さまざまな実践事例や学習指導案が掲載されている。さらに，積極的に各学校が開催する教育研究会などに参加すれば，学習指導案が手に入るだけでなく，実際の授業や子どもの反応を見ることもできる。専門とする教科以外の授業から学べることも多い。それらのリソースや機会を活用しないのはもったいない。

　授業づくりはまねることから始め，そこに自分なりのこだわりを組み入れていきながら，自分のスタイルを模索しつづけていけばよい。うまくいかないことも多いが，自分でつくった学習指導案によって子どもたちが夢中になって学ぶ姿を引き出せたときの快感は，教師としての大きな喜びである。教師自身が楽しみながら，子どもとともに学び続ける姿勢を授業の場で示しつづけることこそが，最上の教育なのかもしれない。よりよいカリキュラムや授業を探求・

共創する，その答えのない道のりをぜひ歩みはじめてほしい。

さらに学びを深めるために
・上條晴夫『理想の授業づくり』ナカニシヤ出版，2017 年
・浅沼茂・奈須正裕編著『カリキュラムと学習過程』放送大学教育振興会，2016 年
・瀧本哲史『ミライの授業』講談社，2016 年
・吉野源三郎『君たちはどう生きるか』岩波書店，1982 年

第6章

学級（クラス）を創り育てる教師

　卒業後に，母校である幼稚園・小学校・中学校・高等学校などを訪ねたとき，真っ先に思い浮かべ，向かう先はどこだろうか。何年間かの苦楽が染みこんだ運動部の部室だという人も多いだろう。保健室や図書室があがるかもしれない。よく説教された職員室もあるだろうか。しかし，誰もが毎日の学校生活で，最も長く過ごした場所は，「教室」に違いない。小学校では，ここがすべてだともいえる。教室とは「学級（クラス）」という，教科の学習をはじめとする活動が行われる日常生活の舞台なのである。

　そこには，偶然に出会った仲間と担任の教師がいる。言わば「一期一会」の場でもある。この場が，誰にとっても居心地がよく，「毎日，そこに行くことが楽しい」ところになるために，教師は何をするべきなのか。ところで，下の写真を見て自分の座席はどこだったか，思い出せるだろうか。

1 学級（クラス）という居場所

(1) 学級（クラス）・ホームルーム

　学級またはクラス (class) とは，幼稚園・小学校・中学校などで，幼児・児童・生徒が同じ時間帯に一緒に学習する集団であると同時に，学校生活の多くの時間を過ごす場でもある。「組」と呼ばれることもある（本章では「学級」で統一する）。小・中学校などにおける基本となる生活集団は，ほとんどが学級だが，教科担任制をとり選択科目の比重が高くなる高等学校などでは，継続的・計画的に生徒活動，生徒指導を行う生活集団として，担任教師と生徒によって構成される集団・場を，ホームルーム (homeroom) という概念でとらえている。

　「学習指導要領」では，教育課程（カリキュラム）を構成する要素として，小・中・高共通に「特別活動」が設けられているが，その内容は次のとおりである。

○小・中［学級活動］，高［ホームルーム活動］
○小［児童会活動］，中・高［生徒会活動］
○小・中・高［学校行事］
・小のみ［クラブ活動］

　学級とホームルームとは同一の集団で構成されることも多く，中学校でもホームルームの名称が用いられることもある。活動自体をホームルームとすることもあり，時間割表などには「HR」と略記されている場合も多い。
　では学級は，どのようにつくられるのだろうか。
　小・中学校は，同一学年の児童・生徒で学級がつくられる。高等学校でもこの形態が一般的になっている。「みんな一緒に入学し，そろって卒業する」ことが当然のこととされているのである。そのメンバーはどうするのか。学力，体力，人間関係，身体的特徴，家庭環境など，さまざまな要素を勘案して編成される。絶対的な条件ではないが，同姓の児童・生徒が重ならないことなども配慮されている。「仲良しグループ」でつくられるわけではない。

では，人数はどうか。「小学校設置基準」「中学校設置基準」「高等学校設置基準」と「公立義務教育諸学校の学級編制及び教職員定数の標準に関する法律」および「公立高等学校の適正配置及び教職員定数の標準等に関する法律」によって，小学校1年は35人，小学校2年以上は40人が標準とされている。英米やロシアなど，ほかの先進国が25～30人程度としているのに対して，日本の標準人数は多い。

　ところで，学級は，自然発生的ではなく，人為的・機械的に分けられつくられるものである。ドイツの社会学者テンニェスの概念を使えばゲゼルシャフト（Gesellshaft：利益集団）に当たる。血縁・地縁など人間的なつながりの必然性をもって生まれるゲマインシャフト（Gemeinshaft：共同集団）とは異なるものとしてつくられる。しかし，学年初めなど編成された当初はゲゼルシャフトであっても，その後の活動を通してゲマインシャフトへと変化していく。ここでは，学級のメンバーとともに，担任教師の果たす役割が重要になってくる。社会集団一般は「ゲマインシャフトからゲゼルシャフトへ」と移行するとされるが，学級（クラス）は逆向きに成長させるのである。

(2) 家庭・居間

　家庭（ホーム：home）とは，血縁関係にあって生活をともにする集団である家族の生活する場，「1つ屋根の下で，寝食をともにする」場である。ホームルームは，まさしく「家庭のような部屋」ということである。

　家族観は時代とともに変わる。現代では，多様化が進んではいるが，夫婦とその未婚の子どもで構成される「核家族」が多くを占めていると考えてよいだろう。その家族が，家庭において一家団欒を楽しみ，うちとけてくつろぐ部屋が「居間」（リビングルーム：livingroom）である。ほぼ同じ意味で「茶の間」と呼ばれることもある。ある学生は，自宅の居間について，「居間に行くと必ず家族の誰かがいて，どうでもいい話から真剣な話まで自由にできる場」だとし，「父から仕事の話を聞いたり，母からご近所さんのことを聞いたりして，多くの情報が得られる場」でもあると言っている。そのうえで，「それほど厳しい

ものではないが，守るべき暗黙の了解のようなものがあって，それぞれの座る位置など多少のきまりが必要なのも特徴」だと語った。この言葉に，「気がねをすることなく，ありのままの自分でいられる居心地のよい場」としての居間が要約されている。

　しかし，朝食も夕食も家族がそろって食卓を囲むことも少なくなり，それぞれが思い思いの時間に，好きなものを食べること（個食あるいは孤食）も珍しくない。会話も弾まず，家庭内でもスマホでやりとりという光景もみられる。さらに，児童虐待の問題も深刻になっている。児童相談所の児童虐待相談対応件数は，厚生労働省の調査によれば，「児童虐待防止法」施行前の1999年（1万1631件）に比べ，2012年には6万6701件と5.7倍に増加した。虐待した側は，実母が57.3％，実父が29.0％と大半は実の親によるものである。家庭が，必ずしも安心できる場，居心地のよい場ではなくなってもいる。このような家庭環境の変容は，学級にも無縁ではいられない。

(3) 居心地のよい場 ―居場所―

　家庭であれ学級であれ，独り孤立した状況で，勝手気ままに生きられるわけではない。「社会的動物」である人間は，社会で生きなければならない。しかし，そのなかに「自分が・自分としていられる場＝居場所」があることを誰もが求めている。四六時中緊張だけでは，息をつく暇もない。

　今，かつては誰にも居場所であったところが解体され，「行きたくないところ」「怖いところ」になり，意識的に，あるいは政策として「居場所づくり」が推進されている。表6.1に示すように，子どもの貧困との関連を重視したものだが，全国で142件（1県あたり3件）もの事例が明らかにされている[1]。

　居場所とは，「○○ができること」「○○をしなければならないこと」を求められることなく，安心・安全でありのままの自分を，そのまま丸ごと受け入れてくれる生活と活動の拠点となるような空間のことである。「いい子」だとして，期待されるように演じなくてもいい場ということでもある。「親しき仲に

---

[1] 内閣府調査（www8.cao.go.jp/kodomonohinkon/shien/pdf/about.pdf）による。

表 6.1 「子どもの居場所づくり」関連調査

国及び地方公共団体による「子供の居場所づくり」を支援する施策調べについて
平成 29 年 5 月 26 日

1. 概　要
○地域における子供の貧困対策の推進に当たって，子ども食堂のような家でも学校でもなく自分の居場所と思えるような場所を提供する支援が重要視されている。そうした居場所づくりに活用できる施策の情報を一覧化することで，地方公共団体や現場で活動する NPO 団体等による居場所づくりの取組に資するため，各府省庁，各地方公共団体による「子供の居場所」を設置・運営すること等に対する支援について，実施状況を調査した。

2. 調査対象
○「居場所づくり」は家でも学校でもない，子供の貧困対策になりうる居場所の提供を想定。
○「子供」は 0 歳～ 18 歳を想定。特に貧困の状況にある子供に限定せず。
○国又は地方公共団体が行うものに限る（社会福祉協議会を経由して行う施策を含む）。
○国の制度，予算に基づき地方公共団体が行う施策は，国の施策として登録。（ただし，市区町村負担分を都道府県が独自に補助する施策は都道府県の施策として登録）。
○支援を受けた対象が事業を民間団体等に委託することが可能な施策を含む。

3. 結　果
○照会の結果，登録のあった施策数は，国が 8 件，地方公共団体が 142 件（地域毎の内訳は以下のとおり）。

	計	都道府県	政令市	市　区	町　村
北海道・東北地方	6	2	0	4	0
関東地方	43	5	5	30	3
中部地方	25	6	1	17	1
近畿地方	38	7	5	22	4
中国・四国地方	10	4	2	4	0
九州地方	20	3	5	10	2
合　計	142	27	18	87	10

も礼儀あり」なので，無秩序・身勝手ということではないが，学校や学級は基本的に「居場所」でなければならない。親の虐待に当たる体罰は，法律で禁じられているから（「学校教育法」第 11 条ただし書き）という，受け身のとらえ方ではなく，教育の場にあってはならないことである。言うまでもないことだが，

残念ながらゼロにはなっていない。

　学級における担任教師は，家庭での親に相当する立場で，あらゆる児童・生徒にも居場所となることを保証し，「親身」になって子どもに接し，何よりも生命を守り，愛情を注ぎ・はぐくむことが役割である。この原則を揺るがせてはならないと，肝に銘じよう。

2 学級経営（クラス・マネジメント）の意義と内容

　学級活動・ホームルーム活動は，学級という集団を対象とする生徒指導の中核を占めるものである。「生徒指導提要」[(2)] では，次のように記している。

①学級活動，ホームルーム活動を通して，自主的，実践的な態度や健全な生活態度を身に付けること
　　ア　学級・ホームルームや学校における生活上の諸問題の解決
　　イ　学級・ホームルーム内の組織づくりや仕事の分担処理
　　ウ　学校における多様な集団の生活の向上
②学級活動・ホームルーム活動は，きめ細かな生徒指導を行う中核的な場であること
③学業生活の充実や進路選択の能力の育成を図る教育活動であること
④児童生徒の問題解決を援助する教育活動であること
⑤自己理解や他者理解と集団活動への自信と喜びを体験させる教育活動であること

　これを具体的に実現するためには，以下の内容が含まれる。これらの内容をPDCAサイクルで循環させ，担任教師は目の前の子どもたちを見つめながら，創意工夫を凝らして個性豊かな学級経営を行うのである。これもカリキュラム・マネジメントの一環である。

①学級経営の計画…学級目標の作成・学級経営の立案・学級組織の編成など
　・学級づくりは春休みに準備をする。ただし，学級目標は担任と子どもたち全員が

---
(2) 文部科学省（2000）『生徒指導提要』教育図書，pp.30-34

「思い」を出し合ってつくりあげる。その際，教師が夢を描き・語ることが重要。それがなければ子どもたちも夢をもてない。
　　・「初め良ければ，終わり良し」なので，出会いの場となる「学級開き」を大切にする。
②教室環境の整備…学習のためのアメニティー空間の構成（照明や温度等の最適化）・教材，教具の配置など
　　・物理的なことだけではなく，教室の「風通しをよくし，温かい空気で満たされる」ように努める。
③学習指導…学習意欲を高め，学習への刺激を与える指導・子に応じた指導など
　　・学級の雰囲気が学習の成否を決めることになる。担任は常に子どもととことん向き合うこと。「教師の本気」「教師のまなざし」を示す。
④生徒指導…生活指導・生徒理解・教育相談・進路相談など
⑤学級集団の形成…学級の雰囲気や望ましい人間関係づくりなど
　　・まずは，教師から人間関係をつくる。教師と子どもとの良好な人間関係なしに，子ども同士の人間関係が良好になることはない。
　　・毎日，すべての子どもに温かい一声をかける。朝，休み時間などに教室で会ったとき，掃除を黙々としていたとき，「学級日誌」を提出しにきたときなど，何気ない一言をかけるチャンスは多い。
⑥家庭との連携…保護者との連携・「学級通信」の発行・授業公開・家庭訪問など
⑦学級事務…表簿の整理・備品の保全と管理・学級費の徴収や管理など

　学級担任に限らないが，「明日でもできることは，今日のうちにする」ことと，「まめであること」がポイントになるだろう。
　もう2つ忘れてはいけないことがある。それを以下にあげる。

■ 気づきと記録
　教師の観察眼の重要性については，すでに第1章で述べた。しっかりと見てさえいれば，何かが見えてくるほど簡単にはいかない。一人の子どもに着目し，時系列で見ていくことで気づくこともある。突然のひらめきを感じることもある。しかし，このようにして見て・気づき・感じたことだけで，拙速に判断を下してはいけない。明日は別の顔を見せるかもしれない。見方に誤りがあったかもしれない。ただし，忘れないように記録しておくことは不可欠。その方法

[3年B組・坂本学級　座席表]

		星野清	畑中マミ	
安藤卓	梶浦裕二	九十九弥市	沢村正治	梅原昭
江崎花代	東條絹子	横山敏子	神保文子	山田麗子
高倉勇	宮沢保 今日も提出物忘れ	平山英吉	鈴木良夫	吉村孝
園田エミ子	福田茂子	浅井雪乃 顔色悪い,元気ない	安恵美智子	笠原ユカリ
中尾友行	池野国広	岡村一男	志岐誠	田中康一
大野正枝	越智はるみ	阿部トシエ	屋島みゆき	瀬戸克江 テンション高い？

教　卓

図 6.1　座席表の例[3]

として,「座席表」[4] の活用も有効である。すべての生徒について記入する必要はない。気づいたものだけでよい。簡潔なメモ書きでよい。

■ 褒めることと叱ること

　際立った行動をする子ども，いつも目立っている子どもは目につきやすい。発達障害などをかかえている子どもには，注意を払いやすい。しかし，とくに問題を感じさせない，学習も順調である子どもは，「普通」としてくくられやすい。一人ひとりが，目立たなくとも個性をもった固有の存在である。見過ごされたり，取り残されたりする子どもを出さないことは，教師への至上命令である。

　ここで大切なことは,「褒めて育てる原則」である。カウンセリングマインドでもある傾聴と肯定的受容・共感的理解をもって，子どもを受け止めること

---

[3] 生徒の氏名は,「3年B組金八先生」(TBS系) の第1シリーズの座席表による。
[4] 上田薫・静岡市立安東小学校 (1970)『ひとりひとりを生かす授業—カルテと座席表』明治図書　を参考にした。

である。話の途中で，教師の解釈を下し，指導することを前面に出しがちだが，これでは「また同じことを言われる」「それは，もうわかっている」で終わってしまい，効果は期待できない。子どもの発言から，よい点・感心したことを選びとり，褒めること・評価することが重要である。受け入れられた・肯定されたという実感は，子どもを前向きにさせる。

　もちろん，「人の生命にかかわること」「人の心を傷つけたこと」はいうまでもなく，違法行為などをはじめ，注意しなければならないことには，きちんと対応しなければいけない。「厳しく叱る」ことと「褒める」こととは車の両輪である。体罰はありえないが，本気で叱る・全力で叱ることをしなければならない。子どもは，教師の真剣さを鋭く見抜くものである。ただし，感情の赴くままになされる「怒る」であってはならない。教師のためにではなく，子どもを思い，そのためにする行為でなければならない。それは，簡潔に・何度も繰り返すことなく言い切ることでよい。

3 「学級日誌」と「学級通信」

(1)「学級日誌」で学級を育てる

　学級日誌は公的な記録ではない。しかし，「学級開き」から1年間の成長の記録であり，次への弾みと励みとなる手立てでもある。子どもの誕生からの1年間には，節目（エポック）となる，「お七夜」「お宮参り」「お食い初め」などいくつかの行事（儀式）がある。学級でも，こうした工夫ができるのではないだろうか。それを記録にとどめるものも学級日誌である。

　毎日の学級の生活記録として，ルーチンワークやノルマとしてではなく記すよう指導したい。友だちの記述から，共感や安心感を生むことにもつながる。記録は，日直などすべての生徒が担うものなので，駅伝競技のように「明日につなぐ」意味もある。日々のページには，必ず担任のひと言を。「検」のゴム印だけで済ませるようでは，学級は育たない。

(2) ブログもいいけど「学級通信」を

　ネット社会，SNS 社会である。世界的な影響力をもつ大統領も，ツイッターで発信する時代である。新聞を読む習慣も衰退傾向にある。紙媒体は肩身が狭い。しかし，担任教師の教育観や子どもへの「思い」を，読む人（子どもと保護者）の心に届け・響かせるためのメディアとして，「学級通信（学級だより）」は時代を超えてきわめて効果的である。

　学級通信の歴史を遡ると，戦前の作文集であった「学級文集」が始まりだと考えられる。しかし，この発行は最頻でも月に一度，学期に一度がせいぜいであったため，普及した謄写版（ガリ版）印刷を利用して，毎日，毎週の発行を行うようになる。戦後は 1970 年代をピークに，多くの教師が競うように発行していた。現在は，「個人情報を出さない」ことへの異常な反応や，「発行には

「学級通信」作成の手引き　

1) 主となる読み手が誰かを明確にする。ただし，子どもを対象としたものであったとしても，保護者も目にすることを前提に考えることを忘れない。
2) その号の発行目的を明確にする。あれもこれもと多くを盛り込みすぎると，散漫になって，結局何も伝えられないことになってしまう。
3) 新聞の「見出し」などを参考にして，全文を読まないと内容をつかめないような記述にならないようにし，簡潔・明瞭でわかりやすい文章にする。誤字，脱字，変換ミスや文法上の誤りはしてはならない。教師の文章は「モデル」になる。
4) 子どもの活動場面の写真や，作品などビジュアルな方法を用いるのは有効。ただし，特定の子どもばかりにならないように，一年間に一度も登場しない子どものないよう，公平な扱いに留意する。個人のマイナス面の姿は掲載しない。
5) 「他人のことであっても，自分のことのように喜べること」「教師のひと言で，勇気づけられたり，やる気になる」などに力点を置く。これは，教師の「前向きな姿勢」「熱い思い」を伝えることになる。
6) 個人情報には留意するが，教育的意義のあること，家庭での前向きな話題となることまでも削り・伏せる必要はない。

（小池俊夫）

図 6.2 「学級通信——一歩いっぽ——」[5]

▎(5) 茨城県公立中学校・田村瑠美教諭からの提供。教師生活3年目の若い教師である。

84 　第6章　学級（クラス）を創り育てる教師

校長の許可が必要」などの管理強化もあって,活発とはいえない。それでも,子どもを思う教師は,さまざまな工夫をしている(図6.2)。

　この学級通信は,子どもとともに創り,育ててきた学級の1年間の歴史資料であり,教師と子どもにとっての「1年間の財産」となる。

さらに学び深めるために
・森川正樹『できる先生が実はやっている―学級づくり77の習慣』明治図書,2015年
・水口洋『人生の季節の中で―「自分」との出会い』いのちのことば社,2011年

第7章

心のたくましい教師・特別なニーズに応える教師

　近年の社会情勢の変化やそれに伴う教育に関する価値観の多様化を背景に学校の職務環境が複雑化するなかで、本来、子どもの心を育むべき教師が自身の心の健康を維持することに困難を覚える状況が発生している。このため、本章では、まず教師のメンタルヘルスの現状と課題を学習し、心のたくましい教師像について考えていく。

　つぎに、障害のある子どもの教育、とりわけ増加する発達障害のある子どもに対する教育支援のあり方、性同一性障害や性的指向・性自認の問題、外国籍の子どもの教育問題、貧困への対応など、今日的かつ多様な教育的ニーズに応えることのできる教師像について概観していく。

1　心のたくましい教師

(1) 教育現場におけるメンタルヘルスの現状

　教師を志し、本書を手に取るみなさんは、冒頭からこのようなテーマについてふれることは避けたいと感じるかもしれないが、学校教育現場における教職員のメンタルヘルスに関する近年の状況は、じつに厳しいものとなっている。

　文部科学省が2013年3月に発表した『教職員のメンタルヘルス対策について（最終まとめ）』[1]によれば、2011（平成23）年度に精神疾患により病気休職している教師は2002（平成14）年度の約1.96倍の5274人であり、また、精神疾

---

[1] 教職員のメンタルヘルス対策検討会議 (2013)『教職員のメンタルヘルス対策について（最終まとめ）』(http://www.mext.go.jp/b_menu/shingi/chousa/shotou/088/houkoku/1332639.htm, 2017年11月11日閲覧)

患による休職者数は休職者全体の半数以上を占めつづけていることが示されている（図7.1）。さらに，同報告によれば，教師は一般企業の労働者と比べて仕事に関する疲労度が高く，とくに「仕事の量」と「仕事の質」に関するストレスを強く感じていることも指摘されている（図7.2）。

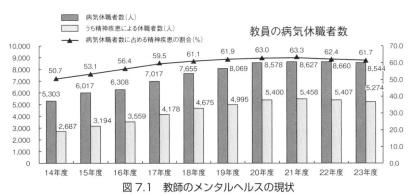

図7.1　教師のメンタルヘルスの現状

出所）教職員のメンタルヘルス対策検討会議（2013）『教職員のメンタルヘルス対策について（最終まとめ）』より抜粋引用

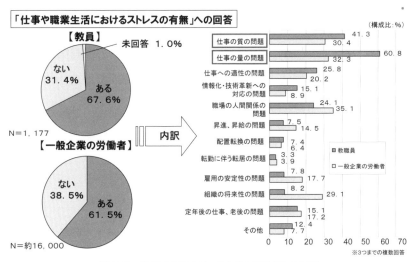

図7.2　教員の疲労度（一般企業の労働者との比較）

出所）図7.1と同じ

(2) 教師のストレス要因

　こうした「仕事の量」「仕事の質」に関するストレスをより詳細に示す従来の研究をみると，たとえば，教師の「ストレスの要因（ストレッサー）」について，①教員との関係，②煩雑な仕事，③多忙，④児童・生徒との関係，⑤教師からの評価，⑥部活動指導，⑦校務分掌，⑧保護者からの評価，⑨個別指導に分類したもの[2]などがある（表7.1）。これら，多岐にわたるストレッサーの分類がなされる状況からしても，教師がじつに多くの職務内容と職責をかかえる仕事であることが理解できるだろう。そして，このような多数のストレッサーに囲まれた職務環境のなか，それまで熱心に取り組んでいた仕事に大きな精神的な負担を感じ，それまでのように仕事に取り組めないことを苦として，体調の悪化や，精神疾患などを発症し休職に至る教職員が少なくないのである。

表7.1　教師のストレス要因の分類

教員との関係	「教師間で意思の疎通がはかれない」「管理職の指導力への不信」など，校内の教師との人間関係
煩雑な仕事	「清掃指導」「給食指導」など授業以外の煩雑と感じやすい仕事
多　忙	「教材研究の時間が足りない」「個別指導の時間が足りない」など多忙による時間不足
児童生徒との関係	「児童・生徒が心を開いてくれない」「児童・生徒がいうことをきかない」など児童生徒との人間関係
教師からの評価	「研究授業の準備と実施」「各種作品展への出品」「研究授業で満足な評価が得られない」など他教師からの評価の懸念
部活動指導	「部活動のための時間外勤務」「部活動の成績に対する周囲の期待」など
校務分掌	「校務分掌の仕事の偏り」「校務分掌の兼務」など校務分掌の負担
保護者からの評価	「保護者からの評価」「私的な場でも先生としてみられる」など保護者からの評価
個別指導	「不登校の児童・生徒に対する指導」「家庭訪問」「保護者の協力が得られない」など問題をもつ児童生徒への個別指導

[2] 田中輝美・杉江征・勝倉幸治（2003）「教師用ストレッサー尺度の開発」『筑波大学心理学研究』25，pp.141-148

(3) 教師のバーンアウトとストレスの悪循環

　上述のような教師の精神的負担による体調の悪化や休職に至る経緯については，いわゆる「バーンアウト」の問題として従来から多くの研究が積み重ねられてきた。バーンアウトとは，医療・福祉・教育などの対人援助サービス（ヒューマンサービス）の現場で生じやすい「燃え尽き症候群」のことであり，情緒的消耗感（仕事を通じて，情緒的に力を出し尽くし，消耗してしまった状態），脱人格化（クライエントに対する無情で非人間的な対応），個人的達成感の低下（ヒューマンサービスの職務に係る有能感，達成感の低下）を主な症状とするものであるとされている[3]。

　教師がバーンアウトを発症する要因（ストレス要因）としてよく指摘されていることは，上述の教師のストレッサーに関する内容もふまえたうえで，①長時間勤務と過重な業務負担，②教師をとりまく環境の変化としてまとめることができる。すなわち，①について，教師は学習指導だけでなく増えつづける事務的仕事をこなすなかで，子どもたちの気持ちや，その振る舞いを受け入れ，また，ときには私的な問題にまで立ち入って，子どもたちの葛藤の解決に取り組まなければならない。このため，多くの教師は，職務に過重な負担をかかえながらも少ない時間を最大限に活用して，子どもたちとの信頼関係を築き，維持・発展させることに多大な努力をしているのである。また，②については，家庭や地域の教育力の低下により，それらを補完するために教師への期待が増えつづける一方で，「教師に対する信頼は以前よりも低くなっている」ことが指摘されており[4]，教師はときに，懸命に子どもたちの教育に励んでいるにもかかわらず，モンスターペアレントと呼ばれるクレーマーとしての保護者と対峙することを余儀なくされることもある。

　このような教師の職務環境は，情緒的消耗感を発生させる要素をおおいに有しており，脱人格化や，個人的達成感の低下といったバーンアウトの症状をか

---

[3] バーンアウトの測定尺度として最も一般的である MBI（Maslack Burnout Inventory）の定義による。
[4] 秋田喜代美・佐藤学編著（2006）『新しい時代の教職入門』（有斐閣，p.117）などによる。

かえる教師が，現実に増えつづけている。

　ここで，何よりも問題となるのは，子どもたちの成長の拠り所として「子ども一人ひとりに真正面からぶつかり，理解し，受け止めていく教師の役割」に機能不全が生じかねないということである。この機能不全については，教師のバーンアウトにより生じたさまざまな弊害が，ますます教師と子どもの間の距離を広げ，結果として子どもの問題をますます助長するという悪循環を生むなど，子どもの教育環境への悪影響にとどまらず，結果的に教師の職務環境をより深刻な状況に陥らせることにもつながってしまうのである。

(4) 教師のメンタルヘルス対策の現状

　教師のメンタルヘルス状況の悪化を受けて，文部科学省は，『教職員のメンタルヘルス対策について（最終まとめ）』のなかで，教職員のメンタルヘルス上の予防的取り組みとして，「①セルフケアの促進，②ラインによるケアの充実，③業務の縮減・効率化等，④相談体制の充実，⑤良好な職場環境・雰囲気の醸成」という5つの項目を示すとともに，それらと教職員本人，校長等，教育委員会との関連を示している。

　これら5項目の予防的取り組みについては，従来から必要性が指摘されてきた内容も多いが，文部科学省が教職員のメンタルヘルス対策のために主体的に報告としてまとめあげたことには大きな意義がある。しかし，現実には，各都道府県教育委員会における教職員のメンタルヘルスの取り組みには，温度差があること，これまでにも教師のメンタルヘルスに関するさまざまな研究や指摘があったにもかかわらず，今日まで問題が深刻化してきた経緯や，現場の教職員の勤務状況の実際を考えると，これら予防的な取り組みが教育現場の末端にまで，浸透するにはいまだに多くの課題が残されている。

(5) 教師のメンタルヘルスの課題

　教師の仕事には際限がなく，確かに多忙である。こうした状況にかんがみて，近年，「教師の職務範囲や教育活動の定義の必要性」（業務の縮小化・効率化など）

に関する議論の下に教師のメンタルヘルス対策を実施しようとする動きがある。

たしかに,業務の縮小や効率化は多忙化の一途をたどる教育現場において必要なことであるかもしれない。しかし,他方において,教師は子どもたちとの関わりにおいて多様な価値観をもつ存在でありつづけなければならず,業務の縮小や効率化は単純に考えられるものでもない。

これから教師を志すみなさんには,教職員のメンタルヘルス対策について,安易に業務の縮小や効率化の視点のみでとらえるのではなく,多忙な職務のなかにどのようにメンタルヘルスを取り入れ,自身がバーンアウトに陥らないためにどのように職務に努めるのかを考えること。そして何よりも,メンタルヘルスという自身への「自助」を「子どもたちにどのように返すのか」という視点をもてるよう心掛けてもらいたい。

2 特別なニーズに応える教師

(1) 障害のある子どもの教育
① わが国における,特別な教育的ニーズの考え方の導入
― 特殊教育から特別支援教育への移行の背景 ―

従来,わが国における障害のある児童・生徒の教育は,学校の設置に関する歴史的背景もあり「特殊教育」として,障害種に応じた学校で展開されてきた経緯がある。しかし,近年,児童・生徒の「教育的ニーズ」に応じて展開される「特別支援教育」への移行がなされ,2007(平成19)年度より完全実施に至っている。

特殊教育から特別支援教育への移行の背景には,障害の多様化,重度化の側面のみならず,障害があるとまではみなされていなかった学習や社会適応に困難のある児童・生徒にも着目した「特別な教育的ニーズ」という概念の国際的な展開があった。この特別な教育的ニーズという概念が初めて公に使用されたのは,1978年にイギリス議会に提出されたマリー・ウォーノック(Mary Warnock)らによる障害児・者の教育調査委員会の報告書である。本報告を受け

てイギリスでは，1980 年 8 月に，政府白書「教育における特別なニーズ」(Special Needs in Education) を公表し，その内容が 1981 年に成立した教育法に盛り込まれることとなった。その後，この概念は，1994 年 6 月にユネスコ主催による「特別なニーズ教育に関する世界会議」において採択された「サラマンカ宣言」に取り入れられ，開発途上国を含む世界各国へと波及していくことになる。

こうした国際的な動向の影響も受けて，わが国でも 2001 年 1 月に「21 世紀の特殊教育のあり方について～一人一人のニーズに応じた特別な支援の在り方について～（最終報告）」[5]において「これからの特殊教育は，障害のある児童生徒等の視点に立って一人一人のニーズを把握し，必要な支援を行うという考えに基づいて対応を図る必要性がある」ことが示され，障害のある子どもたちの教育は従来の特殊教育にみられた障害種別の教育観から，特別なニーズに応じた教育観に移行することとなった。

さらに，2003 年 3 月には，「今後の特別支援教育の在り方について（最終報告）」[6]がまとめられた。ここでは特別支援教育を「これまでの特殊教育の対象の障害だけでなく，その対象でなかった LD，ADHD，高機能自閉症も含めて障害のある児童・生徒に対してその一人一人の教育的ニーズを把握し，当該児童生徒の持てる力を高め，生活や学習上の困難を改善又は克服するために，適切な教育を通じて必要な支援を行うもの」と定義し，特別支援教育の対象となる障害の範囲を発達障害の領域にまで広げるとともに，その目的を「障害のある児童生徒の自立や社会参加に向けた主体的な取り組みを支援するもの」と位置づけ推進することが明確に示されている。

なお，特殊教育から特別支援教育への移行を推進するために，中央教育審議会は，「特別支援教育を推進するための制度の在り方について」を 2005 年 12 月に答申し，従来の盲学校，聾学校及び養護学校に代わり「特別支援学校（仮称）」，特殊学級や通級指導教室に代わり「特別支援教室（仮称）」，そして従来

[5] 文部科学省ウェブページ (http://www.mext.go.jp/b_menu/shingi/chousa/shotou/006/toushin/010102.htm, 2017 年 11 月 20 日閲覧)
[6] 文部科学省ウェブページ (http://www.mext.go.jp/b_menu/shingi/chousa/shotou/054/shiryo/attach/1361204.htm, 2017 年 11 月 20 日閲覧)

学校種に対応していた免許状を「特別支援学校教諭免許状（仮称）」とすることを提案しており，学校の制度や教育環境のみならず，子どもたちのさまざまな教育的ニーズに対応できる教員の養成をめざすこととなった。

その後，2007年に，学校教育法を一部改正する法律が施行され，正式に実施されることとなった特別支援教育は，多くの課題と向き合いながらさまざまな特色ある展開がなされ，今日まで成果を残してきている。

② **特別支援学校について**

特別支援学校は，学校教育法第72条に定められる「視覚障害者，聴覚障害者，知的障害者，肢体不自由者又は病弱者（身体虚弱者を含む）に対して，幼稚園，小学校，中学校又は高等学校に準ずる教育を施すとともに，障害による学習上又は生活上の困難を克服し自立を図るために必要な知識技能を授けることを目的とする」学校であり，都道府県に設置義務が課せられている。

特別支援学校の就学基準は，学校教育法施行令22条の3に定められており（表7.2），特別支援学級[7]や通級による指導[8]と比較すると，障害の程度が重い子どもが対象となる。

特別支援学校においては，子どもの個別のニーズや障害の状態に応じて「個別の教育支援計画」や「個別の指導計画」に基づいた教育支援や指導体制がとられているほか，学校教育法第74条により地域の幼稚園，小学校，中学校，義務教育学校，高等学校または中等教育学校に在籍する子どもの教育に関する助言や支援を行う「センター的機能」[9]も担うことが示されている。

[7] 特別支援学級とは，学校教育法により第81条第2項の規定により知的障害者，肢体不自由者，身体虚弱者，弱視者，難聴者，その他障害のある者で特別支援学級において教育をうけることが適当な児童・生徒のために小学校，中学校，義務教育学校，高等学校および中等教育学校におくことができる学級のことである。

[8] 通級による指導とは，学校教育法施行規則140条および141条などの規定を受けて，通常の学級に在籍しながら個別的に特別支援学校や特別支援学級に通級を行うなどの方法で特別支援教育を実施する指導形態のことである。

[9] 特別支援学校のセンター的機能の具体例としては，「①小・中学校等の教員への支援機能，②特別支援教育等に関する相談・情報提供機能，③障害のある幼児児童生徒への指導・支援機能，④福祉，医療，労働などの関係機関等との連絡・調整機能，⑤小・中学校等の教員に対する研修協力機能，⑥障害のある幼児児童生徒への施設設備等の提供機能」があげられている（2005年12月8日中教審答申「特別支援教育を推進する制度のあり方について」）。

表 7.2　学校教育法施行令第 22 条の 3 による就学基準

区　分	障害の程度
視覚障害者	両眼の視力がおおむね 0.3 未満のもの又は視力以外の視機能障害が高度のもののうち，拡大鏡等の使用によつても通常の文字，図形等の視覚による認識が不可能又は著しく困難な程度のもの
聴覚障害者	両耳の聴力レベルがおおむね 60 デシベル以上のもののうち，補聴器等の使用によつても通常の話声を解することが不可能又は著しく困難な程度のもの
知的障害者	一　知的発達の遅滞があり，他人との意思疎通が困難で日常生活を営むのに頻繁に援助を必要とする程度のもの 二　知的発達の遅滞の程度が前号に掲げる程度に達しないもののうち，社会生活への適応が著しく困難なもの
肢体不自由者	一　肢体不自由の状態が補装具の使用によつても歩行，筆記等日常生活における基本的な動作が不可能又は困難な程度のもの 二　肢体不自由の状態が前号に掲げる程度に達しないもののうち，常時の医学的観察指導を必要とする程度のもの
病弱者	一　慢性の呼吸器疾患，腎臓疾患及び神経疾患，悪性新生物その他の疾患の状態が継続して医療又は生活規制を必要とする程度のもの 二　身体虚弱の状態が継続して生活規制を必要とする程度のもの

注）視力の測定は，万国式試視力表によるものとし，屈折異常があるものについては，矯正視力によって測定する。聴力の測定は，日本工業規格によるオージオメータによる。

③ 特別支援教育を担う教員について

　従来の特殊教育では，それぞれ障害種別に盲・聾・養護学校と，それぞれ学校種別に教員免許状が付与されていたが，2007 年の特別支援教育の実施に伴い，特別支援学校教諭免許状に一本化されることとなった。この背景には，子どもたちのさまざまな特別なニーズに柔軟に対応できる教員を養成する意図があった。しかし，現実には特別支援学校の教員には，さまざまな障害に関する専門的理解が求められるため，特別支援学校教諭免許状の授与条件は，教員養成機関（大学等）における学修の状況に応じて 5 つの特別支援領域（視覚障害者，聴覚障害者，知的障害者，肢体不自由者，病弱者（虚弱者を含む））から 1 または 2 以上の領域を特定して取得する（結果的には従来の免許の取得方法とほぼ同様の）かたちがとられており，学生時代の限られた時間のなかでこれらすべてを網羅することは非常にむずかしい実態がある。

　また，特別支援教育は特別支援学校だけでなく，すべての学校種において提

供されるものでなければならない。このため，将来，特別支援学校教諭として勤務するか否かを問わず，教師をめざすだれもが，子どもたちのさまざまなニーズに応じた教育支援について日頃から自主的に理解を深める機会をもつよう心掛けなければならないのである。

(2) 発達障害のある子どもの教育支援について
① 発達障害のある子どもの特性と実際の教育支援

わが国の法制上において「発達障害」とは，「自閉症，アスペルガー症候群その他の広汎性発達障害，学習障害，注意欠陥多動性障害その他これに類する脳機能の障害であってその症状が通常低年齢において発現するものとして政令で定めるもの」(発達障害者支援法第2条第1項) と定義されている。この法律に示される「自閉症，アスペルガー症候群，その他の広汎性発達障害，学習障害，注意欠陥多動性障害」に関して，わが国では表7.3のような定義づけをしているが，国際的には世界保健機関 (WHO) による「疾病及び関連保健問題の国際統計分類 (ICD)」(最新版は1990年に採択されたICD-10) や，アメリカ精神医学会 (APA) による「精神障害の診断と統計マニュアル (DSM)」(最新版は2013年に公開されたDSM-5) などによる定義や解釈もある。

とくに，アメリカ精神医学会のDSMによる定義では，DSM-IVまでは自閉性障害，アスペルガー症候群などのサブカテゴリーを含む概念として「広汎性発達障害」が用いられてきたが，DSM-5においては「自閉スペクトラム症 (ASD)」という概念を用いて各種の自閉性障害，アスペルガー症候群，広汎性発達障害などを統合し，再定義している。この再定義の経緯や詳細については本書の専門性の範囲を超えるため，ここで取り扱うことを避けるが，自閉スペクトラム症とは「自閉症という状態像を中核にして，共通する特徴をもっていながらも自閉症の診断基準を完全には満たさないといった子どもを含めた広がりを指す概念」であり，わが国の発達障害者支援法のように，発達障害の特性を区分してとらえるのではなく「同じようなかかわりの工夫が同じような効果を奏するのであれば共通する特性がある」という心理教育的な立場から提唱さ

表7.3　文部科学省による発達障害の定義

	自閉症	自閉症とは，3歳位までに現れ，①他人との社会的関係の形成の困難さ，②言葉の発達の遅れ，③興味や関心が狭く特定のものにこだわることを特徴とする行動の障害であり，中枢神経系に何らかの要因による機能不全があると推定される。
広汎性発達障害	高機能自閉症	高機能自閉症とは，3歳位までに現れ，①他人との社会的関係の形成の困難さ，②言葉の発達の遅れ，③興味や関心が狭く特定のものにこだわることを特徴とする行動の障害である自閉症のうち，知的発達の遅れを伴わないものをいう。 また，中枢神経系に何らかの要因による機能不全があると推定される。
	アスペルガー症候群	アスペルガー症候群とは，知的発達の遅れを伴わず，かつ，自閉症の特徴のうち言葉の発達の遅れを伴わないものである。
	学習障害	学習障害とは，基本的には全般的な知的発達に遅れはないが，聞く，話す，読む，書く，計算する又は推論する能力のうち特定のものの習得と使用に著しい困難を示す様々な状態を指すものである。 学習障害は，その原因として，中枢神経系に何らかの機能障害があると推定されるが，視覚障害，聴覚障害，知的障害，情緒障害などの障害や，環境的な要因が直接の原因となるものではない。
	注意欠陥多動性障害	ADHDとは，年齢あるいは発達に不釣り合いな注意力，および／または衝動性，多動性を特徴とする行動の障害で，社会的な活動や学業の機能に支障をきたすものである。また，7歳以前に現れ，その状態が継続し，中枢神経系に何らかの要因による機能不全があると推定される。

出所）文部科学省ウェブページ（http://www.mext.go.jp/a_menu/shotou/tokubetu/004/008/001.htm）の記載（2017年11月閲覧）をもとに作成

れてきたものであるとされている[10]。

　実際，発達障害のある子どもの教育を担当すると，自閉症やアスペルガー症候群といった発達障害の種別（医師からの診断名）にかかわらず，かかえる困難さには表7.4のような共通する部分がみられることが多い。また，同じ種別の発達障害の診断を受けた子どもであっても，一人ひとりがそれぞれにかかえる困難性は異なることから個別化[11]の視点をもつことも重要となってくる。こ

[10] 玉井邦夫（2007）『学校現場で役立つ子ども虐待対応の手引き―子どもと親への対応から専門機関との連携まで』明石書店，pp.239-240
[11] アメリカの社会福祉学者バイスティックがケースワーク（個別援助技術）の分野において提唱した「バイスティックの7原則」において「個別化」とは，クライエント（利用者）のかかえる困難や問題は，どれだけ似通っていたものであっても，人それぞれの問題であり「同じ問題は存在しない」とする考え方を意味する。

表7.4 発達障害のある子ども共通的特徴（例）

教師からの見え方	子どもがかかえる困難さの共通点
・こだわりが強い	・見通しをもって行動できない
・指示に従わない	・知的機能のアンバランス
・集中しているときとそうでないときの差が激しい	・感覚の過敏，あるいは鈍感
・衝動的な行動がある	・感情のコントロールが難しい
・気分にムラがあり，感情の起伏が大きい　など	・自己否定感情，傷つきやすい　など

うしたことから，教師は，子どもの発達障害の種類（診断名）にとらわれず，それぞれの子どものかかえる困難な部分に配慮する「個に応じた教育支援」を考え実際の教育に結びつける力を，日頃から養わなければならないのである。

② 発達障害と虐待のリスク（教師の家庭支援と地域へのアプローチの重要性）

発達障害のある子どもには一見しただけでは発達の偏りがみえにくく日常的に接する者以外には，その特性が気づかれにくいという特徴がある。このため，保護者や発達障害の当事者である子どもが，発達障害を原因としてかかえることとなるさまざまな困難について近隣住民や地域社会からの理解や協力を得られず「孤立した状況」にある場合が少なくない。

子育ての孤立は児童虐待のリスクを高める要因ともなるし，また発達障害に対する地域や社会からの不理解は，発達障害の当事者である子どもの生活（暮らしやすさ）に直接影響する。こうしたことから，教師は，学校において発達障害のある子どもを育てる保護者の相談役としての機能を果たすだけでなく，子どもの発達障害という特性について地域社会から理解を得るための環境醸成の役割も果たしていかなければならないのである。

(3) 性同一性障害や性的指向・性自認の問題をかかえる子どもの理解
① 性的マイノリティの問題に係る教育施策の動向

わが国においては，性別は男女に二分されたものであり，また，異性愛が絶対的なものであるという考え方が長い間続いてきた。しかし，国際的には同性婚の合法化や新たな法的措置をとるなど，性の多様性を人間の権利として尊重する動きが出てきている。

表7.5　性的マイノリティに係る国の動向

性同一障害者の性別の取扱いの特例に関する法律 【2003年7月交付，2011年5月改正】	第3条　家庭裁判所は，性同一性障害者であって，次の各号のいずれにも該当するものについて，その者の請求により，性別の取り扱いの変更の審判をすることができる。
人権教育の指導方法等の在り方について（第三次とりまとめ） 【2008年3月人権教育の指導方法等に関する調査研究会議（文部科学省）】	その他の人権課題として，「性的志向（異性愛，同性愛，両性愛）を理由とする偏見・差別」や「性同一性障害者の人権」が示される。
「児童生徒が抱える問題に対しての教育相談の徹底について」 【2012年4月】（文部科学省通知）	各学校に対して「学級担任や管理職を始めとして，養護教諭，スクールカウンセラーなど教職員等が協力して，保護者の意向にも配慮しつつ，児童生徒の実情を把握した上で相談に応じるとともに，必要に応じて関係医療機関とも連携するなど，児童生徒の心情に十分に配慮した対応」をとることが示される。
『自殺総合対策大綱～誰も自殺に追い込まれることのない社会の実現を目指して』【2012年閣議決定】	自殺念慮の割合などが高いことが指摘されている性的マイノリティについて教員等の理解を促進することが明記されている。
「学校における性同一性障害に係る対応に関する状況調査」 【2013年4月～12月】（文部科学省）	学校における性同一性障害に係る対応を充実させるための情報を得ることを目的に学校における性同一性障害に係る現状把握が実施→606件の報告が得られる。
性同一性障害に係る児童生徒に対するきめ細やかな対応の実施等について 【2015年4月】（文部科学省通知）	(1) 性同一性障害に係る児童生徒についての特有の支援 ・学校における支援体制 ・医療機関との連携 ・学校生活の各場面での支援 ・卒業証明書等 ・当事者である児童生徒の保護者との連携　　など (2) 性同一性障害に係る児童生徒や「性的マイノリティ」とされる児童生徒に対する相談体制等の充実 ・いじめや差別を許さない適切な生徒指導・人権教育等の推進 ・悩みや不安を抱える児童生徒のよき理解者となる教職員の育成 ・児童生徒が相談しやすい環境の整備　　など ※本通知において支援の対象が「性同一性障害」のみならず，性的マイノリティ全般に拡大されている。

　このようななか，わが国の教育施策においても「性的マイノリティ」の人々に対する理解が強く求められるようになり，表7.5のような動きが展開されてきた。また，文部科学省は2016年4月に『性同一性障害や性的指向・性自認に係る，児童生徒に対するきめ細やかな対応等の実施について（教職員向け）』を配布している。ここでは表7.5のなかの「性同一性障害に係る児童生徒に対するきめ細やかな対応の実施等について」に関する学校や教育委員会からの質問に対してQ＆A形式で回答がなされているほか，性同一性障害のみならず「性的指向が同性に向かう同性愛，男女両方に向かう両性愛の人々」の生きづらさにもふれ，まずは「教職員が，偏見などをなくし理解を深めることが必要」

であるとし，明確に教師に対して性的マイノリティに関する理解の自己啓発を促している。

② 性的マイノリティの当事者理解のために（LGBTとSOGI）
「身体的性」と「心の性」が異なる人や一致しない人，また，同性愛者や両性愛者といった性的指向における社会的少数派（性的マイノリティ）のカテゴリーに属する人々を表すときに用いる言葉として「LGBT」という概念が周知されつつある。しかし，「LGBT」とは，Lesbian（レズビアン），Gay（ゲイ），Bisexual（バイセクシュアル），Transgender（トランスジェンダー）の頭文字をまとめたものであり性的マイノリティの人々のセクシャリティのすべてを示すことができているわけでなく，また，性的マイノリティの人と一般の人とを区別しカテゴライズする言葉であるという指摘もあることなどから，近年，Sexual Orientation（性的指向），Gender Identity（性自認）の頭文字をとった「SOGI」という表現が用いられるようになってきている。SOGI（性的指向と性自認）は性的マイノリティの人々に限らず，「性を構成する要素」が「どのような状態であるか」を示す概念であるためすべての人が共通にその状態を考えることができるという特徴がある。

この言葉の転換にみられるように，教師が性同一性障害や性的指向・性自認などに関する性的マイノリティの理解をするためには，その当事者性を一般の人と区別せず対等な立場から考えられる視点をもつことが大切なのである。

(4) グローバル化に伴う外国籍等の子どもの教育問題
① 外国籍等の子どもたちにおける不就学の問題
グローバル化が進む今日のわが国では，あらゆる地域で外国人の姿がみられるようになった。とくに，少子高齢化が進み，人口減少社会を迎えたわが国において，外国人は労働力として欠かせない存在となっており，出稼ぎ労働などを目的とし訪日する外国人の数は年々増加する傾向にある。こうしたなか，わが国の教育施策は外国人の子どもに対して十分な教育環境を整備しているとはいえない実態がある。

わが国では，日本国憲法第26条第1項「すべて国民は，法律の定めるところにより，その能力に応じて，ひとしく教育を受ける権利を有する」，および第2項「すべて国民は，法律の定めるところにより，その保護する子女に普通教育を受けさせる義務を負ふ。義務教育は，これを無償とする」の規定に基づき，すべての国民に「教育を受ける権利」を保障し，また，とくに義務教育段階における子どもの権利行使を補完するために，法定保護者に対して，その子どもに「教育を受けさせる義務」を負わせている。しかし，この規定は，法文に示されるとおり，「国民」（日本国籍をもつ日本人）を対象とするものであるため，わが国における外国籍の子どもに対する教育は，1979年に批准した「経済的，社会的及び文化的権利に関する国際規約（国際人権規約）」と，1994年に批准した「児童の権利に関する条約」を根拠として，「外国人がその保護する子を公立の義務教育諸学校に就学させることを希望する場合には，無償で受け入れており，教科書の無償給与や就学援助を含め，日本人と同一の教育を受ける機会を保障」するという立場[12]をとっている。このことは，外国人の文化的側面や家庭環境により，わが国に居住する子どもを就学させないという選択肢を合法的に発生させる状況をつくり出している[13]。つまり，わが国は，上記の国際人権規約や，児童の権利に関する条約に批准しながら，子どもの基本的人権としての「教育を受ける権利」を厳格に保障できていないのである。

② 学校に通う外国人の子どもたちに求められる教育支援について

　学校に通う外国人の子どもたちに関する教育支援については，まず，言葉の壁の問題がある。言葉が通じないということは，自分の気持ちを伝えることができないばかりか相手の問いかけに応じることもできないため，孤立やいじめを生むことにつながる。わが国の教師は，一般的な教養として英語に関する知識は得ているはずであるが必ずしも十分ではない場合が多く，また，英語以外

---

(12) 文部科学省初等中等教育局国際教育課（2016）「外国人児童生徒等教育の現状と課題」（平成28年度都道府県・市区町村等日本語教育担当者研修資料）p.2（http://www.bunka.go.jp/seisaku/kokugo_nihongo/kyoiku/todofuken_kenshu/h28_hokoku/pdf/shisaku03.pdf，2017年11月15日閲覧）
(13) 外国人が自分の子どもを就学させなかった場合，学校教育法144条の定める「保護者等の就学義務不履行」違反となることもない。

の外国語に関する知識は, ほとんどの場合, もち合わせていない。このため, これから教師を志す者は, 教職課程で必修となっている外国語コミュニケーションの学習機会はもちろんのことであるが, 常日頃から, 外国語について広く積極的に学ぶ機会を得て十分な力をつけることが望まれる。

つぎに, 学習指導上の配慮の問題である。ある程度の期間のうちに, 日本語でおおむねの日常会話程度ができるようになる子どもたちでも学習言語の習得にはなかなか至らない状況が続く場合が多い。とくに, 音読み訓読みのある漢字や日本語の独特の表現などが用いられる「国語」や「社会」の授業においては学習に混乱が生じないように個別の配慮が必要となる。さらに, 文化の相違に関する問題についても配慮が必要である。たとえば生活習慣の違いから, 外国人の子どものなかには, 小・中学生でも化粧やピアスなどを当たり前のようにしてくる子どももいる。また, 学校への通学を当然と考える日本とは異なり, 無断欠席を当たり前とする子どもや保護者もいる。

このように, 代表的なものを羅列しただけでも外国人の子どもについては多様な教育的ニーズがあることを理解できるだろう。グローバル化が進むなかで, これからの教師は, 外国籍の子どもの教育のための多様な見識と, 多文化共生の視点を常にもち, 研鑽に励まなければならないのである。

(5) 現代社会の貧困と教育

① わが国における子どもの貧困の状況と教育における貧困対策

前述のように, わが国ではすべての国民に等しく教育を受ける権利が保障されているが, 実際には, その権利も生まれ育った家庭の事情に左右されることが少なくない。

厚生労働省の平成28年国民生活基礎調査の概況によれば, わが国の子ども (17歳以下) の相対的貧困率[14]は13.9% (2015年) であり, 1985年の統計開始

---

(14) 貧困には絶対的貧困と相対的貧困という概念がある。絶対的貧困は, 衣食住など人間として最低限の生存状況すら揃えられない状態を示す。一方, 相対的貧困とは, 所得 (等価可処分所得) が国民の平均値の半分未満の状態を示すものである。

以来，最悪だった2012年の16.3％と比べると改善の傾向がみられるものの，依然として子どもの7人に1人が相対的貧困の状態にあることが示されている。

わが国ではこうした子どもの貧困問題に対応するため，2013年6月に「子どもの貧困対策の推進に関する法律」を成立させ，2014年1月に施行されたことを受けて，子どもの貧困対策に関する基本的な方針や，子どもの貧困に関する指標，指標の改善に向けた当面の重点施策，子どもの貧困に関する調査研究等及び施策の推進体制などを定めた「子供の貧困対策に関する大綱」を策定し，子どもの貧困対策を総合的に推進している。

② 現代の貧困と教師に求められるソーシャルワークのスキル

現代の貧困は，単純な経済的問題だけではなく，核家族化やひとり親世帯・単独世帯の増加といった家族機能の変化や小規模化，近隣や地域社会の人々との関係性の希薄化などを背景として，誰にも相談することのできない「社会的孤立」の問題と関連し発生しているものなどもある。

学校には，従来から地域のコミュニティの核（地域福祉の拠点）としての機能が求められており，近年，学校をとりまく福祉的問題の多様化も相まってスクールソーシャルワーカーの配置が進んできてはいるものの，その数はいまだ十分なものではない。このようななか，日常から子どもとかかわり，また，その家庭の状況についてもよく知りうる存在である教師には，貧困に陥っている（あるいはその可能性のある）子どもとその家庭を早期の段階で生活支援や福祉制度に結びつけるソーシャルワークの力も求められていると言えるだろう。

(5) 特別なニーズに応じた教育支援ができる教師になるために
　　―インクルーシブ教育の理念と関連して―

これまで述べてきたように，今日の教育現場においては，障害のある子どもたち，性同一性障害や性的指向・性自認に問題をかかえる子どもたち，制度や家庭に恵まれずよい教育環境が提供されていない子どもたちなどへの支援のためにさまざまな教育的ニーズに応じることのできる教師が求められている。

現在，わが国では，これまで十分に社会参加をできるような環境になかった

交流および共同学習への取り組みと理解について

　交流および共同学習は，障害のある子どもと障害のない子どもが活動をともにする機会を積極的に設けることを目的として，幼稚園教育要領，小・中・高および特別支援学校の学習指導要領にそれぞれ規定（幼稚園教育要領では「障害のある幼児との活動を共にする機会」として規定）されているものである。

　交流および共同学習は，相互交流という観点から，障害の有無にかかわらずすべての子どもたちが「対等な立場」で交流をすることが本来の趣旨となっている。しかし，教師の認識不足から，障害のない子ども側の立場からのボランティア学習的な学習活動としてとらえられた実践がなされるなど，そのあり方に関して問題視せざるをえない実態がある。

　本書で学ぶみなさんには，障害の有無（さまざまな特別なニーズの有無を含む）にかかわらず子どもたちが，交流および共同学習の意義を自然に理解するための教育を日々実践できる教師になっていただきたい。

（複数の特別支援学校教諭へのインタビューをもとに杉浦作成）

　障害のある人などが，積極的に社会に参加・貢献していくことができる「共生社会」の創設をめざして，とくに特別支援教育の推進と併せてインクルーシブ教育システムの構築が進められている。その内容を要約していうならば，従来のように「障害の種類や程度」に応じて学びの場を整備するという観点から脱却し，子どもたちのかかえる障害や，さまざまな困難さをインクルーシブ（包括する・包み込む）しながら，互いのよさを活かしていく教育（言い換えるならば，「皆が一人ひとりの個性を尊重し，皆が一緒に学ぶ」教育）を通して，将来の「共生社会」を創り出していくことだといえるだろう。

　今日の教育現場は，じつに多忙な職務環境とさまざまな教育的ニーズに対応しきれず右往左往しているというのが実態である。しかし，これから教師を志す者には，こうした実態にあえて立ち向かい，子どもたちの未来を拓いていこうとする気概が求められていることを肝に銘じなければならないのである。

さらに学びを深めるために

・宮島喬『外国人の子どもの教育―就学の現状と教育を受ける権利』東京大学出版会，2014年
・独立行政法人国立特別支援教育研究所編『特別支援教育の基礎・基本（新訂版）―共生社会の形成に向けたインクルーシブ教育システムの構築』ジアース教育新社，2015年
・櫻井慶一『児童・家庭福祉の基礎とソーシャルワーク』学文社，2016年
・狛潤一・佐藤明子・水野哲夫・村瀬幸浩『ヒューマン・セクソロジー―生きていること，生きていくこと，もっと深く考えたい』子どもの未来社，2016年
・末冨芳編著『子どもの貧困対策と教育支援―より良い政策・連携・協働のために』明石書店，2017年

第8章

国や社会が求める教師

　教育も，国家や国際社会とは断絶された独立変数として存在するわけではない。政権の方向性や経済状況，国際関係を反映する。その教育の担い手である教師に何を期待し，どのような存在に養成するのかも同様である。だからといって，経済至上主義（要するに金がすべてという考え）に奉仕したり，権力に隷従するものであってはならない。古代ギリシャの教育理念であったパイデイア（paideia）は，個性（本性）を覚醒させ，人間の本来あるべき方向に向かわせる全人教育を意味した。「健全な精神は健全な身体に宿る」と考え，人間を「善くする」ことを教育とした。古来，人類は子どもを善くすることに，涙ぐましいほどの努力を尽くしてきた。ここに，教育の原理を求めたい。

　本章では，教師養成の歴史に学び，過ちを繰り返すことなく，これからの教育の担い手にふさわしい教師とは何かを考え深めていこう。

1 近代日本の「教師観」と教師養成

(1) 聖職者から専門職へ

　日本の近代教育のスタートは，1872（明治5）年の「学制公布」だと考えるのが一般的である。「自今以後一般の人民華士族農工商及婦女子必ず邑に不学の戸なく家に不学の人なからしめん事を期す」（太政官布告「学事奨励に関する被仰出書」1872）もので，わが国の歴史上，国が一般国民のための教育を行う最初の施策であった。同じ年に，教師の養成教育も始められた。それからおよそ150年間，教師はどのようにみられてきたのか。おおむね，①明治・大正・昭和戦前期，②昭和戦後期前半，③昭和戦後期後半・平成の3つの期間に大別

することができよう。

① 明治・大正・昭和戦前期 —聖職者としての教師—

　教師をキリスト教における聖職者（司祭や神父など）と同じ存在としてとらえる職業観である（第1章②参照）。

　明治以前から「三尺下がって師の影を踏まず」という師弟間のマナーは知られていたことであった。この場合の「師」は学校の教師ではなく，仏教の世界での師僧と弟子の関係でのことである。師に同道する場合は，尊敬の念をもち，礼を尽くし，その影を踏むこともないように3尺（1メートル弱）ばかり離れて歩くべきだというものである。中国・唐代の道宣の仏典『教誡律儀』では，「七尺去って師の影を踏まず」で，談笑などもしてはならないとされていたが，鎌倉時代の『童子教』（子ども向けの道徳書）に取り上げられたことで広まり，その後，なぜか七尺（およそ2メートル強）が短縮され，学校の教師にも援用されたようである。それに儒教倫理が加わって，今日に受け継がれたものと考えられる。

　それに応えるためには，教師は徳性（高い倫理観を備えた人格）を身につけた存在であることが要求される。それが，聖職者ということになるのだが，仕えるべき「神」とは紛れもなく天皇だと考えられる。これは，後述する「教育勅語」に明らかである。

② 昭和戦後期前半 —労働者としての教師—

　敗戦（1945年），「日本国憲法」の公布・施行（1946・47年），そして「教育基本法」の制定（1947年）により，戦後日本の新たな教育開始によって，教師観も大きく変わる。それを象徴するのが，1947年に結成された日本教職員組合（以後，日教組）による「教師の倫理綱領」の制定（1952年）であった。そこでは，「八　教師は労働者である」として，次のように述べられている[1]。

　「教師は学校を職場として働く労働者であります。しかし，教育を一方的に支配しようとする人びとは，『上から押しつけた聖職者意識』を，再び教師のものにしようと，『労働者である』という私たちの宣言に，さまざまな

▎(1) Key：雑学事典（http://www.7key.jp/data/low/kyoushi_rinrikouryou2.html）から引用。

いがかりをつけています。

　私たちは，人類社会の進歩は働く人たちを中心とした力によってのみ可能であると考えています。私たちは自らが労働者であることの誇りをもって人類進歩の理想に生きることを明らかにしました。」

　光と影の呼応関係で，戦前の聖職者観が過剰であったことへの反動もあって労働者観も極端な面をみせる。労働者として働くことは，憲法上保障された人権であるが，行政（当時の文部省）との対立激化に伴い，教師としての特性よりも，労働者としての意識が強く打ち出されるようになる。その顕著な1つが1960年代における「全国一斉学力テスト反対闘争」だった。文部省は，学力テストを「学習指導，教育改善の資料」とすることを目的に掲げたが，日教組は「改悪学習指導要領を浸透させ，教師の勤務評定の材料」とするものと激しく対立し，「道徳の時間の特設」「学校管理規則制定」への反対とも絡み，闘争は熾烈なものとなる。「先生が警官隊ともみ合う」光景を，子どもたちが目の当たりにすることもあった。

③ 昭和戦後期後半・平成 —専門職としての教師—

　1966年10月，ILO（国際労働機関）とUNESCO（ユネスコ：国連教育科学文化機関）は，加盟国に対して「教員の地位に関する勧告」を採択した。「6　教職は，専門職と認められるものとする。教職は，厳しい不断の研究により得られ，かつ，維持される専門的な知識及び技能を教員に要求する公共の役務の一形態であり，また，教員が受け持つ生徒の教育及び福祉について各個人の及び共同の責任感を要求するものである」[(2)]と述べ，教師が専門的職業であることを明示した。

　これを受けるように，当時の教育職員養成審議会は，「教員養成の改善方策について（建議）」（1972年）で，「教職は，教育者としての使命感と深い教育的愛情を基盤として，広い一般的教養，教科に関する専門的学力，教育理念・方法および人間の成長や発達についての深い理解，すぐれた教育技術などが総合されていることが要請される高度の専門的職業である」とした。これは，のち

(2) 文部省暫定訳（www.mext.go.jp/unesco/009/004/009.pdf）から引用。

に「法律に定める学校の教員は，自己の崇高な使命を深く自覚し，絶えず研究と修養に励み，その職責の遂行に努めなければならない」(「教育基本法」第9条)という規定へとつながることになった。

　天皇中心の中央集権国家・皇室の繁栄に寄与し，侵略戦争を肯定するという目的のためではなければ，聖職者観にみられる要素は全否定されるものではない。労働者としての権利は，当然に保障され，守られなければならない。それらを統合するものとして「専門職」を考えることができるのではないか。そもそも，専門職(profession)という言葉は，ラテン語の「神の託宣(profess)を受けた者」を語源とする。初めに専門職と呼ばれたのは，牧師であり，次いで教師，医師が含まれることになる。この「師」がつく3つの職業は，現在，かなりの共通性が認められるものではないだろうか。人の「心と頭と体のすべてに働きかける」ものであり，総合的な専門職である。

(2) 師範学校制度から開放制養成制度へ

　前項で述べた戦前の教師養成を支えたのは師範学校であった。戦後は，教師観の変化とともに廃止され，現行のあらゆる大学等における養成へと変容した。この変化を，対比表(表8.1)のかたちで検討していこう。

　この150年間の，前半と後半では，教師に関する認識と養成方法が大きく変化したことは理解できるだろう。そのなかで「教育勅語」について，もう少し検討を加えたい。

　1870年代の終わりから1890年代にかけての「徳育論争」の混乱の収束を図るためもあり，日清戦争開始の4年前，1890(明治23)年に公布されたのが「教育勅語」であった。そこには，「親孝行・兄弟愛・夫婦仲・友情・博愛・公益・遵法精神」などの徳目(道徳的価値)があげられ，その重要性が述べられている。しかし，非常事態にあっては国家のために勇敢に戦うことが求められ，すべての徳目が皇室の繁栄を称え，天皇制国家の隆盛を求めさせることに収斂されていたため，海外進出の正当化・軍国主義の鼓舞に利用されることにもなった。そこで，1948年6月19日，衆議院は「教育勅語等排除に関する決議」を，参

表 8.1 戦前と戦後の教師養成の対比

戦前 (1872～1945 (47))	基本形態	戦後 (1945 (47)～現在)
師範学校における教師養成 師範学校という限定された学校 ○最初の師範学校(男子)は，1872年に官立で，1874年には女子の師範学校が官立で，いずれも東京に設置された。 ○1886，1897年の法改正により，**小学校の教師は公立の師範学校**(略称：師範)，**女子師範学校**(：女子師範)で養成。中等教育(男子の中学校，女子の高等女学校)の教師は，**官立の高等師範学校**(：高師)，**女子高等師範学校**(：女高師)での養成となった。 ・師範，女子師範は，各県に1校以上設置。 ・高師，女高師は，全国にそれぞれ2校設置(高師：東京と広島，女高師：東京と奈良)。 入学可は教師志望者に限る ○入学資格の条件満たして選抜 ・学力は小学校卒業以上(実室は，現在の大学入試程度)。 ・男子は17～20歳で入学し，修学は4年間。女子は16歳以上で，修学は3年間。 ・郡区長(当時の地方自治体の長)による推薦が必要。 「教育は国家のため」が理念 (天皇制全体主義国家を支える「臣民」を育成する) ○学校生活は制約が多かった。 ・学費，食費，寮費などの生活費などは，すべて公費で負担の上一定額の支給もされた。 ・全寮制で，軍隊に似た生活規律が求められた。 ・卒業後は，勤務校が定められて奉職する義務があった。 「教育勅語」の理念を具体化し，「良き臣民」の育成 が目的。 ○「師範タイプ」と揶揄される画一的な教師を生み出したが，教師となることが自分の使命と感じる，教育愛豊かな人材を育てたことも事実。だからといって，過去の方法に回帰させることは妥当ではない。	(1)は，戦前の師範学校が，戦後学制改革で大学に昇格したものが大半。 (2)は，教育学専攻で「学士(教育学)」を取得。 戦前の師範学校は，中等教育段階の学校であった。 戦前の教育規範は「教育勅語」。戦後は「日本国憲法」と「教育基本法」。 「優秀だが貧しい」青年にとっては救いの場となった。 免許状主義は共通。「開放制」の理念を維持しながら，問題点をいかに改善するか。	**大学における開放制教師養成** 全国の国公私立大学のどこでも可 ○現行制度では，次の三通りの道が選べる。 (1) 国立の教員養成大学または教員養成学部で学ぶことにより，原則として，卒業要件が免許状の取得条件となっている。 (2) 国公私立のあらゆる大学の，教育学部(及び同系学部)で学び，加えて**教職課程を履修する**。 (3) 国公私立のあらゆる大学の，さまざまな学部で学び，併行して**教職課程**を履修する。 ・戦前の高師は，現筑波大学，広島大学，女高師は，お茶の水女子大学，奈良女子大学となった(すべて総合大学)。 大学入学者のすべてに門戸開く ○現在の大学への入学資格は，高等学校卒業又は同等の学力があれば，選抜を経て誰でも可。 「教育は国民のため」が理念 (平和で民主的な国家社会の形成者の「国民」を育成する) ○学校生活は原則自由である。 ・学費(授業料，入学金等)はすべて受益者の負担。 ・貸与型中心の奨学金制度はあるが，脆弱。 ・教職課程固有の規律はない。 ・採用試験に合格すれば教師になれるが，容易くはない。奉職義務はない。 個性と多様性を重視し，幅広く，豊かな教育を実現させることが目的。「日本国憲法」の理念の実現。 ○自由な学びのなかで，個性豊かで多様な学力に優れた教師を生むという理念はすばらしいものだが，選択の幅が広がることと，質の向上とは必ずしも一致していない。

109

議院は「教育勅語等の失効確認に関する決議」を可決して，これを無効とした。儒教倫理に基づく徳目のなかには，現在でも当然視されるものも含まれてはいる。それを評価する向きもあるが，戦前においてこの文書がもたらした歴史的意図にこそ，着目しなければならない。

　私立小学校の設立に絡む疑惑に関連する，野党議員の質問に対し，政府は「答弁書」を閣議決定した（2017年3月31日）[3]が，そこでは，「勅語が我が国の教育の唯一の根本とするような指導を行うことは不適切である」としたうえで，「憲法や教育基本法に反しないような形で教材として用いることまでは否定されることではない」と述べられている。過去の歴史を正しく学ばなければならないことを，改めて気づかせる出来事である。

2 戦後の教師養成の変遷

　前節でみてきたように，教師となるには，大学で「教育職員免許法」（以下，免許法）および，同法施行規則に定められた所定の科目を履修して，要件とされる単位を修得し，教育職員免許状（以下，免許状）を取得することが原則である。これを「免許状主義」というが，戦前においても，理念と制度は異なっていたが，この原則は共通であった。

　免許法は，1949年5月31日にはじめて公布されて以来，何度となく改正を重ねてきた。その詳細を取り上げることはできないので，主要点のみを年表的に記したうえで，1980年代以降の変遷を概観する（表8.2）。

　このきわめて簡略な変遷史から，教師に対して国が求めていることを読み取ることができるだろうか。では今，何が進められているのだろうか。

3 21世紀を創る教師とは

　2015年12月21日，中央教育審議会（以下，中教審）は「これからの学校教

[3] 『東京新聞（電子版）』2017年4月1日付朝刊の報道から。

表 8.2 教育職員免許法の 1980 年代以降の変遷

1951 年改正	中等教育教員の養成における単位を変更。教職専門科目を減じて，教科専門科目を増加
1953 年改正	それまでの所定単位を修得すれば，どこの大学でも免許状が取得できた制度を改め，課程認定制度を導入
1954 年改正	仮免許状を廃止，校長・教育長・指導主事の免許状を廃止
1961 年改正	高等学校教諭二級普通免許状（工業）の特例
1964 年改正	高等学校の教員資格試験制度を創設
1965 年改正	中学校教諭二級普通免許状（保健）を設置
1968 年改正	免許状の授与権者を都道府県教育委員会に一本化
1973 年改正	小学校教員資格認定試験を創設
1988 年改正	普通免許状を，それまでの一級・二級の二段階から，専修・一種・二種の三段階に細分化。普通免許状取得のための教科および教職に関する科目を増加，一方で，特別免許状制度と特別非常勤講師制度を創設
1989 年改正	高等学校教諭免許状の「社会」を「地理歴史」と「公民」に
1993 年改正	免許状取り下げの処分に係る聴聞の方法に特例設定
1997 年	「小学校及び中学校の教諭の普通免許状授与に係る教育職員免許法の特例等に関する法律」公布に伴い，免許状取得に「介護等体験」（7 日間）を導入
1998 年改正	教科に関する科目よりも，教職に関する科目のウエイトを高め，「教職の意義等に関する科目」と「総合演習」を新設。中学校における教育実習の修得単位を 2 単位増加
2000 年改正	高等学校教諭の免許状教科に「情報」「福祉」など新設
2002 年改正	免許状失効・とりあげから免許状を授与しない期間を 3 年に設定，特別免許状の学士要件や有効期限を撤廃，上位の校種の教諭が下位の校種の免許状相当教科の指導を可能に，隣接校種の免許状取得の場合 3 年の教職経験によって取得単位数要件を軽減
2007 年改正	「教職実践演習」を，教育実習を経た 4 年次後期に必修として新設。これに伴い「総合演習」は，必修から外される。免許状更新制度を導入し，免許状に 10 年間の有効期限が設けられる。
2008 年	教職大学院，全国で 19 大学を設置

育を担う教員の資質能力の向上について～学び合い，高め合う教員育成コミュニティの構築に向けて～」を答申[4]した。これを受けて，目下大がかりな教師教育に関する改革が進められている。2012 年 8 月に，同じく中教審が「教職生活の全体を通じた教員の資質古能力の総合的な向上方策について」を答申したが，政権交代の影響もあってかすべて実現とはなっていない。それもふま

[4] 答申文は，文部科学省ウェブページ（http://www.mext.go.jp/component/b_menu/shingi/toushin/__icsFiles/afieldfile/ 2016/01/13/1365896_01.pdf）から。資料図なども同様。

111

えての今答申は，戦後の教師教育史のなかで，とりわけ重要な意味をもつ可能性がある。以下，3つの視点から考えてみよう。

(1) 教師の資質向上への「指標」と「協議会」

2012年答申が掲げたように，大学における養成段階の学びに始まり，生涯の各段階ごとに専門的職業人として学ぶべき内容を明確にし，「学び続ける教員像」を具体化するためのスタンダード（標準）が「指標」である。「教師スタンダード」は諸外国でも例がある。教師や学生が身につけるべき資質能力の達成目標とすることも考えたものだともいえる。

こうした指標を手がかりとして，自主的努力をするのであれば，教師の質の向上をもたらすことになる。が，「上で決めたことを守る」というマニュアル化しては意味がない。また，指標の吟味を怠り，自主的な裁量と工夫を疎かに

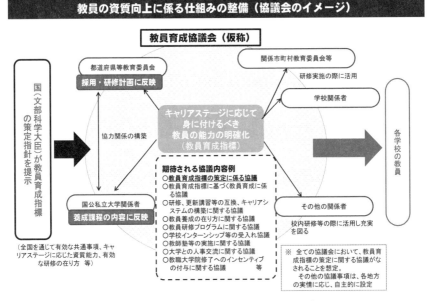

図8.1 教員育成協議会（仮称）のイメージ
出所）中央教育審議会答申（2015）

してしまえば，新しい「教師タイプ」を生み出すことになりかねない。

　この「指標」作成のためを中心に，広く地域の教師教育を協議するために設置されるのが「教員育成協議会」(仮称)である(図8.1)。都道府県および政令指定市の教育委員会単位で設置し，国が示す「大綱的な指標のガイドライン」に基づき，地域性を反映させ，教育委員会と大学の関係者だけではなく，多様な関係者の参画も想定されている。今後，各大学が教師養成だけを担うのではなく，現職を含む地域の教師力向上にも，役割を果たすとともに，地域の教育ニーズを大学の養成教育に反映する，双方向での働きかけも期待される。「チームとしての学校」の発想がそうであるように，今や「学校は教師によってのみ営まれる」ものではなく，学校だけが「独立した別世界」でもないことが明らかにされたのでもある。

(2) 免許法施行規則「別表」の改正

　「別表」とは，教員免許状を取得するための科目の分類と必要最低単位数を示したものである。各大学はこれに則って，教職課程のカリキュラムを作成することになる。「学習指導要領」の改訂によって，子どもが身につけるべき「学力の三要素」(1. 何を理解しているか，何ができるか，2. 理解していることをどう活用するか，3. どのように社会・世界と関わり，よりよい人生を送るか)が明示されたこと，「主体的・対話的で深い学び(いわゆるアクティブ・ラーニング)」を実現しようとしていることを，教職課程の学びに反映させようとしたものである。また，従来，「教職に関する科目」と「教科に関する科目」に区分されていたものを廃止し，「科目区分の大くくり化」を行った。そこでは，「教科及び教科の指導法に関する科目」に統合し，教科の内容と指導法とが一体化した科目の設定を可能にしている。これらは，今後，各大学の研究に委ねられる。加えて，「大学が独自に設定する科目」を設けることも可能とされた。大学が学部・学科と教職課程とをいかに統合できるかにかかることになる。図8.2をみて，熟考していってほしい。

[中学校]

現　行

		専修	一種	二種
教科に関する科目		20	20	10
教職に関する科目	教職の意義等に関する科目	教職の意義及び教員の役割	2	2	2
		教員の職務内容（研修、服務及び身分保障等を含む。）			
		進路選択に資する各種の機会の提供等			
	教育の基礎理論に関する科目	教育の理念並びに教育に関する歴史及び思想	6	6	4
		幼児、児童及び生徒の心身の発達及び学習の過程（障害のある幼児、児童及び生徒の心身の発達及び学習の過程を含む。）			
		教育に関する社会的、制度的又は経営的事項			
	教育課程及び指導法に関する科目	教育課程の意義及び編成の方法	12	12	4
		各教科の指導法			
		道徳の指導法（一種・2単位、二種・1単位）			
		特別活動の指導法			
		教育の方法及び技術（情報機器及び教材の活用を含む。）			
	生徒指導、教育相談及び進路指導等に関する科目	生徒指導の理論及び方法	4	4	4
		教育相談（カウンセリングに関する基礎的な知識を含む。）の理論及び方法			
		進路指導の理論及び方法			
教育実習		5	5	5
教職実践演習		2	2	2
教科又は教職に関する科目		8	8	4
		32	59	35

見直しのイメージ

■の事項は演習において単位数を設定

		専修	一種	二種
	教科に関する専門的事項	28	28	12
教科及び教科の指導法に関する科目	各教科の指導法（情報機器及び教材の活用を含む。）一定の単位数以上を修すること			
	イ 教科に関する専門的事項 ロ 各教科の指導法（情報機器及び教材の活用を含む。）一定の単位数以上を修すること			
教育の基礎的理解に関する科目	イ 教育の理念並びに教育に関する歴史及び思想 ロ 教職に関する社会的、制度的又は経営的事項（学校と地域との連携及び学校安全への対応を含む。） ハ 教育に関する社会的、制度的又は経営的事項（学校と地域との連携及び学校安全への対応を含む。チーム学校運営への対応を含む。） ニ 幼児、児童及び生徒の心身の発達及び学習の過程 ホ 特別の支援を必要とする幼児、児童及び生徒に対する理解（1単位以上） ヘ 教育課程の意義及び編成の方法（カリキュラム・マネジメントを含む。）	10	10	6
	イ 道徳の理論及び指導法（一種・2単位、二種・1単位） ロ 総合的な学習の時間の指導法 ハ 特別活動の指導法 ニ 教育の方法及び技術（情報機器及び教材の活用を含む。） ホ 生徒指導の理論及び方法 ヘ 教育相談（カウンセリングに関する基礎的な知識を含む。）の理論及び方法 ト 進路指導・キャリア教育の理論及び方法	10	10	6
教育実践に関する科目	イ 教育実習（学校インターンシップを含むことができる。）（5単位） ロ 教職実践演習（2単位）	7	7	7
大学が独自に設定する科目		28	28	4
		83	59	35

※「教科に関する科目」、「教職に関する科目」、「教科又は教職に関する科目」の3区分は廃止し、総単位数以外は全て省令に委ねる形について規定。

※「教科及び教科の指導法に関する科目」、「教育の基礎的理解に関する科目」、「道徳、総合的な学習の時間等の指導法及び生徒指導、教育相談等に関する科目」においては、アクティブ・ラーニングの視点からの授業等を取り入れること。

※教育実習に「学校インターンシップ」を含む場合には、他の学校種の免許状取得における教育実習の単位（2単位以上）を認める。

図 8.2　教育職員免許法施行規則「別表」の改正

出所）中央教育審議会答申（2015）

114　第8章　国や社会が求める教師

(3) 教職課程コアカリキュラム

　教師養成の「指標」と同様，養成教育の内容に，医学，薬学，法学などの専門職養成で，すでに行われている「共通カリキュラム」を導入するものである。開放制養成の理念との整合性を保ち，大学の自主性・独自性を発揮することができるのであれば，国家的資格となる免許状取得にとっては否定できないだろう。ただ，今後の検証と，大胆な改善努力とが不可欠になる。

　21世紀，そして「平成」後の新時代を子どもとともに創っていくべき教師には，時代の変化を受けて「流行」への迅速で鋭敏な対応が求められる。しかし，その土台となるのは，「不易」とされてきた資質能力であることを忘れてはならない。

「わが国の歴史」を学ぶこと

　師範学校についての授業で，入学資格の話をすると，「そんなにレベルが低かったんだ」という声が返ってきます。「小学校高等科を卒業してから，師範入学までなんで間があるのか」という疑問も出ます。戦前の学校制度について，いやそれ以前に戦前の日本社会についての基礎的知識が欠けているのです。今後は高校「地歴」の必修科目に「歴史総合」が設けられるので，少しは改善するでしょうか。

　読者は，「女学生」と「女子学生」とが異なるものだと，ご存じですか。前者は，戦前の高等女学校の生徒をさし，後者は現在の女子の大学生です。「女学生文化」を流行のファッションや「インスタ映え」のことだと考えてしまうと，まったくの時代錯誤となります。どうしたらよいのか。「自国の歴史を学びましょう」です。カリキュラム上の問題ではなく，教師をめざす学生にとっては必須です。

　　　　　　　　　　　　　　　　　　　　　　　　　　　　　　　(小池俊夫)

さらに学び深めるために
・沖田行司『人物で見る日本の教育〔第2版〕』ミネルヴァ書房，2015年
・久冨善之編著『教師の専門性とアイデンティティ―教育改革時代の国際比較調査国際シンポジウムから』勁草書房，2008年

第9章

学びの専門家としての教師

> 「教師は学び続け成長する存在」だといわれる。そのためには教師にとって自発的な学びや研修が不可欠となる。それゆえ教師は学びのモデルでなければならない。この学びのモデルが子どもたちに多大な影響を与え，また政府の進めるダイバーシティ構想とも一致している。そこで，この章では「教師の学びの必然性」と「生涯学習の必然性」について述べていく。

1 学び続ける教師

教師には，3つの責務が必要である。
　1つは，研究すること
　1つは，教育すること
　1つは，所属する教育機関の管理運営を行うこと

以上の責務を全うできる教師こそ，学びの専門家であるといえよう。

こうした3つの責務のなかの「研究」については，中央教育審議会が「学び続ける教師」との視点からとらえ，その教師像を公表している。この答申の背景となる「現状と課題」[1]を以下に示したので参照していただきたい。

教師をめぐる現状と課題
○グローバル化や情報化，少子高齢化など社会の急激な変化に伴い，高度化・複雑化する諸課題への対応が必要となっており，学校教育において，求められる人材育成像の変化への対応が必要である。

---
(1) 中央教育審議会答申 (2012)

○これに伴い，21世紀を生き抜くための力を育成するため，これからの学校は，基礎的・基本的な知識・技能の習得に加え，思考力・判断力・表現力等の育成や学習意欲の向上，多様な人間関係を結んでいく力や習慣の形成等を重視する必要がある。これらは，様々な言語活動や協働的な学習活動等を通じて効果的に育まれることに留意する必要がある。
○今後は，このような新たな学びを支える教員の養成と，学び続ける教員像の確立が求められている。
○一方，いじめ・不登校等への対応，特別支援教育の充実，ICTの活用など，諸課題への対応も必要となっている。
○これらを踏まえ，教育委員会と大学との連携・協働により，教職生活全体を通じて学び続ける教員を継続的に支援するための一体的な改革を行う必要がある。

　教師はこれらの課題と取り組む力をどのように身につければいいのだろうか。こうした課題と取り組む力こそ，これからの教師に求められる資質・能力にほかならない。詳しくいえば，教師生活全体を通じて必須の実践的指導力を高めるとともに，社会の急速な変化のなかで日々進歩する知識・技能の絶えざる修得が教師には必要なのである。すなわち，知識・技能に裏打ちされた実践的指導力でなければ，子どもたちもその保護者も教師を慕うことはない。だからこそ，教師は常に探究心をもち，謙虚に学び続ける存在でなければならない。私たちはこれをいわゆる「学び続ける教師」像の確立としてとらえることにする。
　私たちは，子どもたちからも，その保護者からも信頼され慕われる存在としての教師であるため，知識・技能に裏打ちされた実践的指導力を獲得すべく学び続ける教師像に通底する教師像を古代ギリシアに求めることができるように思われる。それは，自らの生活のために知識を教えたソフィストに対抗したソクラテスである。ソクラテスは自著を残さなかったが，後世に優れた教え子（以下，弟子）を残した。プラトンは弟子たちの代表であり，私たちはプラトンの「対話編」を通して，ソクラテスの言説に接することができる。弟子たちはソクラテスの教えを素直に受け入れ，深く感化された。なぜなら，ソクラテスは，ソフィストのように知識を切り売りしたのではなく，産婆術（現代風に言い換えれば，教師は子どもをその気になってもらう手助けする立場）を駆使し，弟子た

ちの人生に向けて深い問いかけを行ったからにほかならない。弟子たちに対して真摯に向き合うソクラテス像とみなさんが求める教師像が決定的に異なる部分は、ソクラテスは生き方や生きる姿勢を説いていれば師事されたが、みなさんはそれに加えて、知識・技能まで伝えなければいけない点であろう。

　こうした見解は、「これからの社会と学校に期待される役割」[2]のなかで、「これからの教員に求められる資質能力」を前述のように整理してある。

　ともあれ、今日の学び続ける教師像は、次の3点の複合的な観点から整理することができる。ただし、それぞれが独立して存在するのではなく、相互に関連しあいながら形成されることに留意しなければならない。

(1) 教職に対する責任感
　・探究力
　・教職生活全体を通じて自主的に学び続ける力
(2) 専門職としての高度な知識・技能
(3) 総合的な人間力
　・豊かな人間性や社会性
　・対人コミュニケーション力
　・同僚とチームで対応する力
　・地域や社会の多様な組織などと連携・協力する力

　教職にとって必須の資質、能力を整理するとこのようになる。学び続ける教師像を確立するために分析した結果であるが、内部のみならず、外部の教えを受けながら、課題を早期に把握し、関係機関と緊密に連携するなどして、的確に対応できる指導力こそ、教師に必要である。教員免許更新講習が行われているが、通り一遍のことではなく、今はかなり深く掘り下げた実践的講座が開設されているのも、こうした資質、能力を再考するきっかけづくりである。

　さて、学び続け期待される教師像は、学び続け成長する存在だとすることは上に指摘したとおりであるが、この像は、政府が推進しているダイバーシティ構想と一致する。

(2) 前出 (1) と同じ。

かつて筆者は，子どもの成長過程における「女子教育」の必要性について，とくにダイバーシティーインクルーシブの観点から，研究・発表・講演したとき，女子中学高等学校校長職の立場から，中学生・高校生という時期にすべきこととして以下の2点などを主張した。
- 思いやりの心が身につくとき（セルマンの発達段階による）だから，ルール・規則・社会常識をしっかりと再度教えこむべきであること
- 夢・志・目標をもたせること，そのためには，大人（教師・保護者など）が子どもに十分向き合いつつ，偉人・偉業・名画・名曲・一流アスリートなどにふれる機会を次々と提供すること

　正しくこうした教育は，学び続ける教師にしか成しえないことである。
　また，昭和女子大学前学長の坂東眞理子は，夢を実現するための「三つの力」をあげている[3]。
- グローバルに通用する力（日本をよく知る）
- コミュニケーション能力（好感をもたれる言動）
- 小さな成功体験の積み重ね（自分を好きになり，自信がつく）

　日本が発展するためには，男性の力はもちろん，女性の力を活かすことが必要になってくる。将来，社会のために，あるいは家族のために，何らかの力を発揮できる女性になってほしい。自分実現のためにも，自立した美しくしなやかな女性をめざしてもらいたいものである。もちろんこの力は男性にも求められる。

2 教師にとっての「生涯学習」

　教師の責務のなかに「研究」が明言され，先輩教師たちもこれまで研究を続けてきた。これは教師の生涯学習に相当する。生涯学習は，教師にも求められていることであり，保障もされようとしている。教育基本法は教師を含む国民の生涯学習を推奨し，その第3条は，「国民一人一人が，自己の人格を磨き，

---

[3] 聖徳大学附属取手聖徳女子中学高等学校における講演（2012）

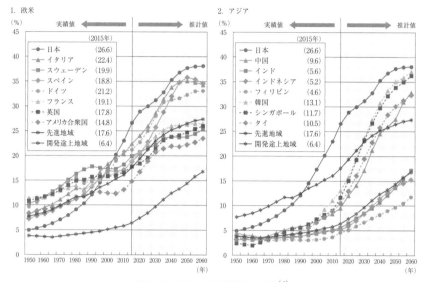

図 9.1 世界の生涯学習の現状[4]

豊かな人生を送ることができるよう，その生涯にわたって，あらゆる機会に，あらゆる場所において学習することができ，その成果を適切に生かすことのできる社会の実現が図られなければならない」と規定されている。

ところで，日本において生涯学習はいつごろから始まったのか，そして今後の動向はどうなっていくのだろうか。その際まず生涯学習の理想像として教師をあげることができるのではないだろうか。では，教師の生涯学習はいつごろから開始されて，今後どうなっていくのか。世界の現状を次の図 9.1 で確認することにしよう。

3 戦前，戦後そして国際関係

生涯学習に向けたわが国固有の胎動として，明治以前の「若者組」と明治以後の「青年団」がある。前者は，ムラ社会を基盤にして発生し存立する年齢集

[4]『内閣府白書』(2017)

団の一種である。子どもと壮年者との中間にある男性の同年齢者層で構成される年齢集団であり，民俗文化の継承に重要な役割を演じる集団として注目される[5]。後者は，1931年満州事変以降，青年団の軍国主義的国家主義的傾向が顕著になり，戦時体制下，国民精神総動員運動の展開に貢献する。具体的には，「日本精神の昂揚」「滅私奉公」「国家への勤労奉仕」などをスローガンとして掲げ，戦時体制・思想統制強化を推進した[6]。

ところで，わが国の旧体制（大日本帝国憲法および教育勅語）の下で，1911（明治44）年に通俗教育調査委員会官制が制定されたが，当時の「通俗教育」は，今日の社会教育の意味として1921（大正10）年まで使用された。1919（大正8）年，当時の文部省によって，高等教育機関での生涯学習が開始されたが，それは直轄の学校15校における社会人対象の公開講演会というかたちでのものであった。

第二次世界大戦において敗れたあとのわが国の生涯学習法制化に向けたあらたなスタートは，アメリカ教育施設団報告書による指摘から始まる。「成人教育について。日本国民の直面する現下の危機において，成人教育は極めて重大な意義を有する。民主主義国家は，個々の国民に大なる責任を持たせるからである。学校は成人教育の単なる一機関にすぎないものであるが，両親と教師とが一体となった活動により，また成人のための夜学や講座公開により，更に種々の社会活動に校舎を開放すること等によって，成人教育は助長されるのである」とある。この後1946（昭和21）年11月3日に日本国憲法が制定される。同憲法の第26条第1項では，「すべて国民は，法律の定めるところにより，その能力に応じて，ひとしく教育を受ける権利を有する」，第2項では，「すべて国民は，法律の定めるところにより，その保護する子女に普通教育を受けさせる義務を負う。義務教育は，これを無償とする」と明文化された。さらに，1947（昭和22）年3月31日には，教育基本法（旧法）が公布され，その第7条において，「家庭教育及び勤労の場所その他社会において行われる教育は，国

---

(5) 天野武（1980）「若者組」最上孝敬『講座 日本の民族2 社会構成』有精堂
(6) 田中耕太郎（1961）『教育基本法の理論』

及び地方公共団体によって奨励されなければならない」として，いわゆる「社会教育」が法制化されるところとなった。

ところで，人権や教育の問題を考察するとき，私たちは国際的な動きにも十分注意しなければならない。具体的にいえば，国際連合を中心とする動きのことである。

その基礎は，世界人権宣言（1948年）であり，国際人権規約（1966年）である。前者は宣言にすぎず，拘束力をもたなかったため，後者において，加盟国の国内法上の効力をもつことになる。

さらに，ユネスコの成人教育の発展に関する勧告（1976年）では，「生涯教育・生涯学習」が現行教育制度の再構成と教育制度の外にある教育的可能性全体の発展とを目的とする包括的な体系であることが確認できる。そこでは，「男性と女性は，自己の思想と行動との間の継続的な相互作用を通して，自己教育の主体となる。教育と学習は就学期間に限定されることなく，全生涯にわたり，あらゆる技術と知識の分野を含み，可能なあらゆる手段を活用し，人格の全面的な発達のための機会をあらゆる人々に与えるべきである」と述べられている。

またユネスコ（UNESCO）の学習権宣言（1985年）のなかでは，学習権は文化的ぜいたく品ではない。それは，学習権について生存の問題が解決されたあとに初めて生じる権利ではない。基本的なニーズが満たされたあとに取り扱われるものではないことを明記し，次のようにうたっている。

①学習権は人類の生存にとって不可欠な道具である
②もし世界中の人々が，食糧生産やその他の人間に不可欠なニーズを自給自足できることを望むならば，学習権を持たなければならない
③もし女性も男性もよりよい健康を享受しようとするならば，彼らは学習権を持たなければならない
④もしわれわれが戦争を避けようとするならば，平和のうちに生きることを学び，互いに理解し合うことを学ばなければならない

ひるがえって，わが国では，1981（昭和56）年，中央教育審議会答申として，人々が自己の充実，啓発や社会の向上のために，自発的意思を基本とし，必要

に応じて自己に適した手段・方法を自ら選んで,「生涯を通じて行う学習」の重要性が明言された。簡単にいえば,人が生涯にわたり学ぶこと,学習の活動を続けていくことが確認されたのである。それが自身の幸せにつながるとする答申だった。それ以前にも,中央教育審議会,社会教育審議会がそれぞれの答申のなかで,さらに臨時教育審議会が教育改革に関する答申のなかで,生涯学習に関する方針が提言されてきた。閣議決定まで行われている。しかし,なかなか事態は進展しなかった。そのようななかで,2020年に教育大改革が行われる。さらに,それ以前に,政府が打ち出したダイバーシティ構想で,生涯学習の重要性,そしてそのモデルとなる教員の使命,および責任が明確になった。

つぎに図9.2をみると,先進国である日本の生涯学習度の今後の伸びに関しては,大きく右肩上がりを示し,世界のどの国よりも人々が学び続ける社会になる目標設定がされている。その理想像として教師が考えられている。

学び続ける度合いは,この図から男性よりも女性の割合が年齢ごとに6%から7%高い。2065年に女性は91%学んでいると試算されている。男性は約85%学んでいるようだ。ぜひこうした地点をめざしたい。社会が急速に変化することによって,このような方向に進みたいと思ってくれる人たちが増えた。

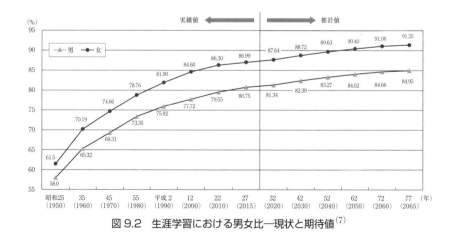

図9.2　生涯学習における男女比—現状と期待値[7]

▍(7)『内閣府白書』(2017)

そのような人たちは，すでに学校を卒業している。だからこそ学校の教師は，学力だけでなく，心身ともに子どもたちに影響を与える存在であることを忘れてはいけない。
　ところで，筆者は，学校での仕事の時間が終わると，本章で述べたことを実践するために学び，さらに多くの人々の教育に役立つようにと自分磨きをしている。自分磨きが子どもに与える影響が強いことを認識してのことである。クラスで一言声を発するだけで，その子たちに大きな影響を与え，「先生はこのようなかたちで自分磨きをしに学びに行っている」「私は社会人になったけど，あのときの先生のように何か違うことを学びたいな」「今大きく社会が変化し，そして政府が後押ししてくれる構想の下で自分自身を生かし，さらに充実した生活，そして幸せを追求する生活を送っていきたい」と思ってもらえるのである。やはり教師がモデルケースである。ただ生涯学習といっても，図9.3にみられるように，その内容がレクリエーション的なもの，あるいは趣味的なものが第1位になっていることには留意が必要かもしれない。

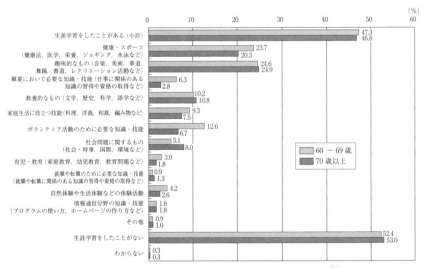

図9.3　65歳以上の生涯学習についての分野別割合[8]

(8)『内閣府白書』(2017)

124　第9章　学びの専門家としての教師

教師像の覚醒

　「学びの専門家としての教師」とは言い得て妙であり，教育にたずさわるものであれば一様に共感・納得し，新たに学びの内発性をかき立てられることであろう。

　国連が提唱する「SDGs（持続可能な開発目標）2030 アジェンダ」の持続可能な開発 17 目標に，「質の高い教育をみんなに―すべての人に包括的かつ公平で質の高い教育を提供し，生涯学習の機会を促進する」という目標がある。今，世界の最貧層世帯の子どもの不就学率は最富裕層世帯の子どもの 4 倍も高い。教育機会を提供することで貧富やジェンダーや健康格差の解消を促進させ，持続可能な社会を形成するには，教育が最も有効かつ効果的な手段であるということを再認識させる。教育のもつ力は大きく，社会課題解決のためのイニシアチブは教師にあるといえなくもない。

　その教師は，常に教師としての研鑽を蓄積し，教育のフロントランナーとして，また教育者のロールモデルとして歩み続け，また常に生涯学習の先導者としてあり続ける。すべての教師は真の生涯学習を続ける教育者 (Lifelong learning educator) であるという自負心をもつべきではなかろうか。

　しかし，これまで教師は，「教育者」の側面にあまりにも多くの視点が凝集され，個として「学び続ける学習者」という側面が強調されることはなかった。今，ようやくこうして「学び続ける教師」に生涯学習の視点から目が向けられるようになってきた。

　かつてユネスコにおいて生涯学習の構築を図り各国に提唱したポール・ラングラン，日本おいて生涯学習論を浸透させた波多野完治，女性と高齢者のための大学開放講座を開始した大橋綾子などの足跡を振り返り，さらに今後の人生 100 年時代にふさわしいグローバルに俯瞰した新たな生涯学習の展開を進めていってほしい。

（佐賀大学名誉教授　北川慶子）

　今後は夜間の大学，や専門学校，各種の資格を取得できる塾が増えることにより，学びの質が変化すると予想されている。現にプログラミング，幼児教育，仕事に関係する知識の習得や資格の取得が年々増えてきている。

　1990 年代後半からインターネットの普及が加速している。それにより，昔ながらの仕事が消え，新しい仕事が生まれてきた。AI の発達とともに，今後さらにこの傾向は強まるだろう。繰り返しになるが，そういう世界や社会に生きている大人として，教師も学び続けていると受け止められる理想的な姿をみ

> ### 先学の姿から学ぶ教師の基本 コラム11
>
> 　本章の執筆者が言いたかったことは明らかだ。教師のあるべき姿は答申のなかにあるのではなく，人類積年の教育的営為のなかにある。モンテスキューは『法の精神』（1748）を著したとき，並々ならぬ自負心から，自著を「prolem sine matre creatam」（「母なしに誕生した子」）と見なしたが，母なしに誕生する子はいない。だからこそ私たちは教師の理想像を考えるとき，先学の姿から教師の基本を学ぶのである。
>
> 　かつて将来の教師は生命を賭して研究に精進した。万学の祖アリストテレスにも修業時代があった。彼の師プラトンは次の言葉を残している。「クセノクラテスには拍車が必要だが，アリストテレスには手綱が必要である」と。また16世紀の放浪学生トマス・プラッターは，ラテン語，ギリシア語，ヘブライ語を同時に学ぼうとした。ほとんど眠らずに夜を過ごすことも多く，彼は睡魔と戦うため，冷たい水や生の野菜や砂を口に含み，万一眠り込んでも砂が口の中でザラザラしてとっさに目が覚めるようにした。ここまで自分を追い込む必要はない。だが，本当に教師になろうと思うなら，こうした学びの姿勢を堅持しつづけた学徒がいたことを忘れてはいけない。とはいえ，ただがむしゃらに学ぶだけでもいけない。工夫が必要になってくる。そうした工夫は謙虚さと柔軟さから可能になる。本書を指針にして教職を志す方々にとって，学びに終わりはない。真摯に学び続ける専門職として教師の道を真っ直ぐに歩んでいただきたい。なお，放浪学生の叙述部分は，阿部謹也『放浪学生プラッターの手記―スイスのルネサンス人―』（平凡社，1985）を参照されたい。
>
> （聖徳大学児童学部教授　小田桐忍）

せることにより，子どもたちもその気になる。そして，必要に応じて行動しようという気持ちを後押しすることになり，政府の構想まで含めての好循環が期待できる。

　教師の仕事は，研究する，教育する，所属しているところの管理運営をする，の3つのなかにある。大学では，「研究する，教育する」が中心であるが，小学校から高等学校では，教育することが圧倒的割合を占める。しかし，今後それでは立ち行かなくなる。「正しく今求められていること，今しなければならないこと」は，本章で述べてきたことである。まさに今こそ，多くの子どもた

ちに生涯学習の大切さ，学び続けることの大切さの具現化できる教師像が求められている。

さらに学びを深めるために
・赤尾勝巳編著『生涯学習理論を学ぶ人のために―欧米の成人教育理論，生涯学習の理論と方法』世界思想社，2004年
・生涯学習・社会教育行政研究会編『生涯学習・社会教育行政必携（平成30年版）』第一法規，2016年
・岩崎正吾編著「多文化・多民族共生時代の世界の生涯学習」学文社，2018年

エピローグ

人間教師になるということ

　いかに少子化だとはいっても，子どもがいなくなることなどはない。2017年の出生数は，2年連続で100万人を割り込む94万6060人と公表され，統計調査を開始した1889（明治32）年以来最低数となる見込みとなった（厚生労働省「人口動態統計・月報年計」2018年6月1日）が，この子どもたちは数年後からは学校に通い，そこで，教師と確実に出会う。その一人が，読者である「あなた」なのである。

　これまで9章にわたって，教師という仕事の特性・問題点・教師をとりまく環境などについて考え，理解を深めてきた。「大変なことだ」との思いを強くされたかもしれない。しかし少子であればあるほど，子どもは「未来への，計りしれない希望」そのものとして，いっそう重要な存在となる。その子どもを育てることにかかわる仕事が教師である。これほどやりがいのある仕事があるだろうか。

1 教師は「頭」を鍛え，「心」も磨く

　教育は，人間によって行われる営みである。人間としての力が，何よりも求められる。それは，いわゆる「人格者」と呼ばれるような，高尚な人間でなければならないということではないが，眼はそちらを向いていることは必要。しかし，どれほど優れた人間性をもっていても，知識・技能が覚束ないのでは話にならない。これは，教育目標における「知性と人間性」と同様である。

　フランスのリセ（lycee：日本の高等学校に相当）における「哲学」の教科書に，次の一節がある。

　「人生の最終目的は，よい地位を得，世間で成功することではない。ほど

ほどの職につき，人々から知られずにいても，立派に人生を全うしたと言い得る。重要なことは，人間としてふるまい，挫折した状態でも義務を果すことである。ところで，言うまでもないことだが，私達のうちの人間性すべてを発達させ，私達の果すべき義務を忠実に履行させるのは知育よりも訓育の方である。

(中略) 知育を受けない現代人というものは考えられない。しかし訓育がなければ，人は野蛮人のままだろう。どんなにむずかしい試験で成功を収めても，洞窟の中の原始人と全く同じようにエゴイストのままだろうし，知識をもっているだけに，それだけ危険である。」(1)

今日，教師にはさまざまな要求が突きつけられている。AIと対峙し，それを制御しうるような高度な識見，ICTの特性を十分に理解し，有効に活用できる高度な技能，国際言語である英語は自由に駆使できる，高度な語学力などなど，枚挙にいとまがない「高度」の山である。これらも必要であり，より高いレベルを求めることは望ましいことである。

「学び続ける」のは，教師に限ったことではない。大学で学んだ知識を，そのままにしておいたのでは，「賞味期限」はますます短くなっていく。仕事と結びつけるだけではなく，100年にも及ぶ人生を，人間らしく生きていくためには，生涯を通して学び，知識の更新と創造を続けることは，すべての人にとって不可避・不可欠なことになっている。「生涯学習社会」の現実がそこにある。

同時に，人間を磨くことにも十分に力を注がなければならない。「教育基本法」も，「絶えず研究と修養に励む」ことを義務づけている(第9条)。研究とは，いわば頭を鍛えることであり，修養は学問を修めることも含むが，人格を高めること，心を磨くことである。二者択一ではないし，どちらかに偏ることでもなく，「どちらも」である。

ここで，実際に教師の採用を行う教育委員会は，どのような求める教師像を描いているのかをみておこう(戦前，高等師範学校，女子高等師範学校がおかれていた3都県市を例示する。)。

(1) P. フルキエ／久重忠夫訳 (1977)『公民の倫理―入門哲学講義』筑摩書房，p.12

[東京都教育委員会が求める教師像][2]
　1　教育に対する熱意と使命感をもつ教師
　2　豊かな人間性と思いやりのある教師
　3　子供のよさや可能性を引き出し伸ばすことができる教師
　4　組織人としての責任感，協調性を有し，互いに高め合う教師

[広島県教育委員会・求められる教職員像][3]

　普遍的な事項

○高い倫理観と豊かな人間性をもっている。
○子どもに対する教育的愛情と教育に対する使命感をもっている。
○専門性を発揮し，的確に職務を遂行できる。
○社会や子どもの変化に柔軟に対応できる。

　新たな「教育県ひろしま」の創造に向けて特に求められる事項

　　　　　　　　　　○確かな授業力を身に付けている。
確かな学力　　　　○豊かなコミュニケーション能力を有している。
豊かな心　　　⇨　○新たなものに積極的に挑戦する意欲をもっている。
信頼される学校　　○他の教職員と連携・協働し，組織的に職務を遂行できる。

[奈良市教育委員会・求める教師像][4]
☆求める教師像「奈良で教えることに誇りをもつ教員」として必要な3つの力
教育の専門家としての豊かな力量
教職に対する強い情熱・責任感
豊かな人間性，社会性などの総合的な人間力

　いずれも「どちらも」を掲げていて，情熱や人間性が強調されていることが明らかである。古くから言われてきた，「教育は人から」が生きている。

[2] 東京都教育委員会ウェブページ（www.kyoinsenko-metro-tokyo.jp/motomeru_kyoushi）から
[3] 広島県教育委員会ウェブページ（www.pref.hiroshima.lg.jp/uploaded/attachment/33109.prf）から
[4] 奈良市教育委員会ウェブページ（www.pref.nara.jp/secure/6178/h27%2011narashi.pdf）から

2 教師への扉を開く

　教職課程を履修し，教育実習でも学び，教免状の取得見込みが確実になっても，ただちに教師となれるわけではない。「採用」してもらわなければならない。

　教師になろうとする場合，公立学校の教師か，私立学校の教師かの選択から始める必要がある。いずれも，「学校教育法」第1条に定められた学校の教師である以上，「日本国憲法」「教育基本法」などに遵い，わが国の公教育の担い手としての使命を誠実に果たす点では共通である。しかし，以下にいう異なりを理解しなければならない。

[**公立学校の教師**]　地方公務員（教育公務員）として，一般性と共通性の高い教育を行う。一定期間での異動が求められていて，さまざまな地域の学校で，多様な子どもたちへの教育を行うことになる。どこの学校であっても，「全体の奉仕者」の立場で臨む。

[**私立学校の教師**]　民間の教育勤務者として，「建学の精神」に基づいて自主性・独自性を発揮した特色ある教育を行う。原則，異動はなく，1つの学校で継続して教育を行うことになる。教育の理想に共鳴した同人という立場で臨むことが本来の姿。

　どちらの偏差値が高いか，スポーツの成果はどうかといった，「上下や優劣」の視点でとらえるものではない，「異なる立場」の学校だということが重要である。「場は選ばず，教師を務める」との意欲は大事だが，無定見に「どこの学校でもよい」ということでは，ミスマッチを生じかねない。

(1) 公立学校の教師への道

　公立学校の教師になるためには，都道府県および政令指定市の教育委員会が実施する，公立学校教員採用候補者選考試験（以下，教採試験）に合格しなければならない。都道府県市によってそれぞれ異なるが，教採試験への出願から採用までの基本的な流れをチャート的に示すと図10.1のようになる。

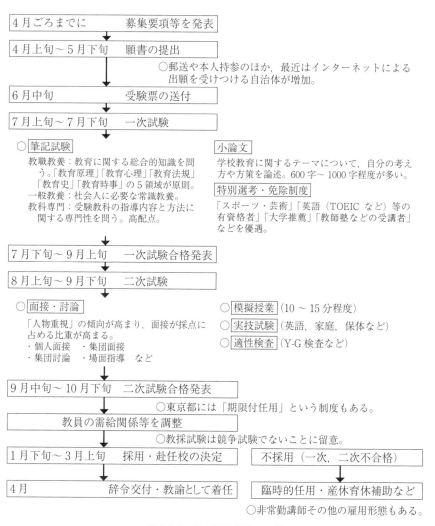

図10.1 公立学校教師への道

(2) 私立学校の教師への道

　私立学校の教師になるためには，個々の学校の選考を受けて合格しなければならない。公立学校のような，一斉の選考試験はない。採用の有無，時期も，

132　エピローグ　人間教師になるということ

選考の内容も，それぞれ学校によって異なり，多様である。そのために，「一般例」は示しにくいが，共通性の高い留意事項を列記しておく。

① 私立学校の採用情報は，自分で入手する

一般財団法人日本私学教育研究所が提供する「教職員募集情報」を利用することが原則。同研究所のホームページからアクセスできる。土日祝日などを除いて，毎日更新されている。一般社団法人キリスト教学校教育同盟や一般財団法人日本カトリック学校連合会のホームページでは，ミッションスクールの募集情報を入手できる。

大学への求人票や新聞広告にも注意する。出身校の恩師や大学の指導教授などにも，教師志望であることを伝えておくことも忘れないこと。

募集情報から応募したい学校を見つければ，指示に従って応募する。

② 私立学校とのパイプを太くしておく

①の方法で，こちらからアプローチするのが原則だが，先方からのオファーを期待することも必要。そのために「私学教員適性検査」（東京都・静岡県・愛知県・兵庫県・広島県・福岡県・長崎県は同一問題で同一日に実施。群馬県は別途実施。）を受検する。これは，各都県の私学協会が実施するもので，「教職教養」と「教科専門」の2領域の筆記試験で行われる。結果は，本人と該当都県などの私立学校に通知され，力量ありと考えられる受検者には声がかかることがある。ただし，採用試験ではないので，これによって，ただちに採用が決まるものではないことに注意。

上記の適性検査を実施しない，多くの道府県では，「履歴書依託制度」を利用することができるので，個別に照会して対応する。

③ 私立学校の採用方法はいろいろ

公立学校の教採試験は，出願者全員が受験できるが，私立では応募すれば選考の対象となるとは限らない。応募に際しては，「履歴書，教員免許状写しや取得見込証明書，成績証明書など」に「なぜ私立学校の教師を望むのかなどの小論述」を提出することになる。この書類の審査が，第一次選考となるので，ここで不首尾となることも多い。

最近の傾向では，第二次選考以降で「筆記試験」「模擬授業」が実施されることが多く，その上で必ず「面接」が課せられている。

教師への扉を開くためには，いわゆる就活に比べて時間がかかることを覚悟しておかなければならない。公立学校の場合，教採試験の一次から，赴任する学校が決定するまでには7カ月以上を要することになる。私立学校の決定時期も，決して早くはない。「必ず，教師になる」という強い意志と，忍耐強く待つこととが求められる。これは，教師の仕事に求められることと，まさしく重なり合うことでもある。

3 人間教師の心 ―子どもに寄り添う―

「子どもに寄り添う」とはどういうことか。教職課程で，学生に問うテーマでもあるが，物理的な距離でないことは明白。距離を詰めすぎては，セクハラになってしまう。子どもの心を受け止めることである。それを考えるために，示唆を与えてくれるエッセーがある。直木賞作家・山田詠美が「学校の先生」について語っている短編だが，父親の転勤で転校が多かった山田は，教師の観察に長けていたようである。そして，よい教師と悪い教師を，こう分類している。

「私はそのころ，教師を『良い先生』と『悪い先生』に分類していた。私が思っていた『良い先生』とは，子供が大人と同じように悩み苦しむということ，そして，子供が大人以上に発達した羞恥心を持っていること，を知っている教師たちである。『悪い先生』とは，子供を傷つける言葉がどういうものであるかを知らない，つまり，言葉の選び方を知らない教師たちである。」[5]

そして，記憶に残る「悪い先生」として，小学校2年のときの担任女教師を取り上げる。やや長いが，そのまま引用する。

「その日，授業が終わり，学級当番の私は黒板に書かれたものを消すため

---
[5] 山田詠美 (1988)『私は変温動物』講談社，p.25

に黒板ふきを使っていた。背の低かった私に，それは大変な仕事だったが，とにかく一所懸命やっていた。背のびをして，私は黒板の上の方まできれいにしようとした。

　その時である。何かの弾みで黒板ふきを床に落としてしまった。それは教壇の上で弾み，あたり一面をチョークの粉で汚した。私は顔を赤くして，どうしたものかと少しの間，考え込んだ。その時，女教師はこう怒鳴ったのだ。

　『何やってんのよ，この子は！　本当に育ちが悪いんだから』

　私はそれまで彼女を決して憎んではいなかった。多少，ヒステリックにはなるが，『良い先生』の部類に属すると思い込んでいたのだ。しかし，その瞬間から，彼女を恐ろしいくらいのパワーで憎み始めた。

　私は涙ぐみながら心の中でこう叫んでいた。私のパパとママは本当にすてきに私を育ててくれてるのに。あなたは何もわかっていない。今，教壇を汚したのは私だけの責任なのに。

　その教師は怒りにまかせてうっかりそういってしまっただけかもしれない。けれど，子どもは大人と同じように傷つくのである。そして，言葉は殴るよりもひどく相手を傷つけることがある。教育者はそれを知ってこそ教育者たり得るのだ。」[(6)]

このあと，「一番すてきな教育者は両親だ」と述べて，一文を閉じる。

これは教育学の研究成果ではないし，一人の作家の心象風景だけなのかもしれない。だが，「はっ」とさせられることがある。一つは「言葉の重さ」である。「いじめ」事例のなかで，教師のひと言が決定的な行動を促してしまうことがよくある。殴られた傷や痛みは，治療をし，時がたてばやがて忘れられていくだろう。しかし，刺さった言葉の傷は，時間とともに増していくことすらある。そして，山田が憤慨した言葉，それは愛する両親を愚弄することだった。

最近は，あまり耳にしなくなってきたが，「モンスターペアレント」が流行語のように使われたことがあった。その言葉は用いなくても，無理難題を押しつける保護者はいるだろう。わが子を虐待し，死に至らせる親もいる。一概に

----
(6) 山田，同前，pp.25-26

は言えないことは事実であり，十分承知している。それでも，子どもは親を愛している。

美辞麗句を並べたり，子どもにあわせたりする必要はまったくない。これでは，教師失格になる。厳しく叱ることも，大切な教育的行為である。どのような言葉が不適切なのかは，じっくりと考えてほしい。

この節で述べていることに共感できる学生の皆さんは，教師の心で子どもと向き合い，寄り添えるに違いない。「そんなふうに言われても，あの子だけは理想通りにはいかない。」と言いながらも，その子のために悩み，工夫を凝らそうとされている現職の方は，十分に寄り添っていることに気づかれただろう。あなた方によって，21世紀の教育は進められていくのである。

最後に，詩の一節[7]を紹介し，味わっていくことで本書の結びに代えたい。

ボクは五月の春に
あなたを咲かせるための，四月の雨になりたい…
春の予感をひとしずくの雨音に歌い，
春の希望を注ぐ雨に，光を与えたい。
あなたの道標となる茎を大空に向けて伸ばし，
あなたの心の支えになれるよう
あなたが経つ大地に，命の水を浸してあげたい。
五月にあなたが花開く時，
ボクはその姿を見ることができなくても，
いつも，ボクはあなたと共に生きていく。

[7] いとうけんぞう (1998)「五月の花・四月の雨」『詩画集 五月の花・四月の雨』創美社発行・集英社販売, p.6 所収の一部を抜粋。

あ と が き

　こうして出来(しゅったい)する本書を読み返すと，学文社から企画の話があったころが懐かしく想い起こされる。昨年の9月ごろだっただろうか。さっそく分担執筆者を決め，企画会議を行い，章立てを考え，原稿書きが始まった。そこは一書の執筆にかかわったことのある誰もが知っているように孤独な作業の繰り返しである。書いては読み直し，読み直しては書き直す。だからこそ本書への思い入れは格別である。私たち教育のプロフェッショナルが教育そのものを題材にして原稿を書いているからだ。
　大人は誰もが教育に関心をもっている。「ゆとり」にも，「生きる力」にも，そして「特別支援教育」にもコミットできる市民がわが国にはたいへん多く存在しているように思われる。真に一億教育評論家の時代の到来だ。しかも最近では，かつて教員免許を取得した四大卒や短大卒の保護者も多く潜在していることを私たちは忘れていない。
　このような時代に私たちはあえて完成した『次代を創る教師論』を世に問う。手前味噌のようだが私たちには並々ならぬ自信がある。どの章の執筆者も，それぞれの分野で今現在活躍していて，二人の編者が信頼して執筆をお願いできる人物を抜擢した。だからこそ各章は独立していても，結果的には全体は協調（ハーモニー）しているものと確信している。また各章に寄せられたコメントも限られた紙幅で内容の濃い一文に仕上げてくれる方々を選出することにした。私自身も経験したことがあるが，わずか700字のなかに自説を展開することは至難の業だったはずである。だが，皆それを見事にやってくれた。この場を借りて，貴重なコメントを寄せてくれたみなさんに感謝を述べさせていただくことは本書の編著者として光栄の極みである。本書を手にしてくれる読者の方々の理解にとってコメントが有益であることは間違いない。
　本書のすべての章は，あり得る（＝教職を志す方々にこうあっていただきたい）教師像を提案している。教師なら子どもたちと向き合っていただきたい。教師

ならいじめや不登校に苦しむ子どもたちに寄り添っていただきたい。教師なら保護者に誠実に安心感を与えていただきたい。教師なら学びの専門家としてカリキュラム開発・日々の授業実践・学級運営に専心していただきたい。そして教師ならスペシャルニーズをかかえる子どもたちとその保護者のために委曲を尽くしていただきたい。要するに，そこかしこにいる「立派な先生」に本書を捧げるのではない。職業柄そのような「立派な先生」にたびたび出会ったが，私は管理職として「立派な先生」に期待したことは一度もない。みなさんには，子どもたちから慕われる将来の「よい先生」をめざしていただきたい。本書の執筆者一同は，はなはだ僭越ながら，そうした将来の「よい先生」のために，謹んで本書を捧げたいのである。「よい先生」になって一日も早く教職に就いていただきたい。みなさんの登場を子どもたちが今か今かと待っている。

　絶対ではない私たちは教育とどのように向き合い，あり得る教師像を発信していけばいいのだろうか。私たちに与えられた方法（あるいは道）は1つしか存在しなかった。教師に求められる姿勢（あるいは項目）を可能なかぎり列挙し，それぞれの専門家が当該姿勢（あるいは項目）について講述するのである。本書のそうした取り組みの一端が読者のみなさんに受け入れられることを切に祈念したい。

　いよいよ本書のあとがきの筆を擱く時刻が来たようだ。私たちが教師論というオープンエンドの急峻な山頂を眼前にして決してたじろぐことなく完成までたどり着けたのは，学文社の二村和樹さんはじめみなさんが私たちを最後まで見捨てることなく，お導きくださったからである。本書の執筆者を代表して，衷心から感謝の念をお伝えしなければならない。

2018年4月

長　野　雅　弘

巻末資料

教育基本法
平成18年12月22日
法律第120号

我々日本国民は，たゆまぬ努力によって築いてきた民主的で文化的な国家を更に発展させるとともに，世界の平和と人類の福祉の向上に貢献することを願うものである。

我々は，この理想を実現するため，個人の尊厳を重んじ，真理と正義を希求し，公共の精神を尊び，豊かな人間性と創造性を備えた人間の育成を期するとともに，伝統を継承し，新しい文化の創造を目指す教育を推進する。

ここに，我々は，日本国憲法の精神にのっとり，我が国の未来を切り拓く教育の基本を確立し，その振興を図るため，この法律を制定する。

第一章 教育の目的及び理念
（教育の目的）
第一条 教育は，人格の完成を目指し，平和で民主的な国家及び社会の形成者として必要な資質を備えた心身ともに健康な国民の育成を期して行われなければならない。

（教育の目標）
第二条 教育は，その目的を実現するため，学問の自由を尊重しつつ，次に掲げる目標を達成するよう行われるものとする。

一 幅広い知識と教養を身に付け，真理を求める態度を養い，豊かな情操と道徳心を培うとともに，健やかな身体を養うこと。
二 個人の価値を尊重して，その能力を伸ばし，創造性を培い，自主及び自律の精神を養うとともに，職業及び生活との関連を重視し，勤労を重んずる態度を養うこと。
三 正義と責任，男女の平等，自他の敬愛と協力を重んずるとともに，公共の精神に基づき，主体的に社会の形成に参画し，その発展に寄与する態度を養うこと。
四 生命を尊び，自然を大切にし，環境の保全に寄与する態度を養うこと。
五 伝統と文化を尊重し，それらをはぐくんできた我が国と郷土を愛するとともに，他国を尊重し，国際社会の平和と発展に寄与する態度を養うこと。

（生涯学習の理念）
第三条 国民一人一人が，自己の人格を磨き，豊かな人生を送ることができるよう，その生涯にわたって，あらゆる機会に，あらゆる場所において学習することができ，その成果を適切に生かすことのできる社会の実現が図られなければならない。

（教育の機会均等）
第四条 すべて国民は，ひとしく，その能力に応じた教育を受ける機会を与えられなければならず，人種，信条，性別，社会的身分，経済的地位又は門地によって，教育上差別されない。

2 国及び地方公共団体は，障害のある者が，その障害の状態に応じ，十分な教育を受けられるよう，教育上必要な支援を講じなければならない。

3 国及び地方公共団体は，能力があるにもかかわらず，経済的理由によって修学が困難な者に対して，奨学の措置を講じなければならない。

第二章 教育の実施に関する基本
（義務教育）
第五条 国民は，その保護する子に，別に法律で定めるところにより，普通教育を受けさせる義務を負う。

2 義務教育として行われる普通教育は，各個人の有する能力を伸ばしつつ社会において自立的に生きる基礎を培い，また，国家及び社会の形成者として必要とされる基本的な資質を養うことを目的として行われるものとす

る。
3　国及び地方公共団体は，義務教育の機会を保障し，その水準を確保するため，適切な役割分担及び相互の協力の下，その実施に責任を負う。
4　国又は地方公共団体の設置する学校における義務教育については，授業料を徴収しない。
（学校教育）
第六条　法律に定める学校は，公の性質を有するものであって，国，地方公共団体及び法律に定める法人のみが，これを設置することができる。
2　前項の学校においては，教育の目標が達成されるよう，教育を受ける者の心身の発達に応じて，体系的な教育が組織的に行われなければならない。この場合において，教育を受ける者が，学校生活を営む上で必要な規律を重んずるとともに，自ら進んで学習に取り組む意欲を高めることを重視して行われなければならない。
（大学）
第七条　大学は，学術の中心として，高い教養と専門的能力を培うとともに，深く真理を探究して新たな知見を創造し，これらの成果を広く社会に提供することにより，社会の発展に寄与するものとする。
2　大学については，自主性，自律性その他の大学における教育及び研究の特性が尊重されなければならない。
（私立学校）
第八条　私立学校の有する公の性質及び学校教育において果たす重要な役割にかんがみ，国及び地方公共団体は，その自主性を尊重しつつ，助成その他の適当な方法によって私立学校教育の振興に努めなければならない。
（教員）
第九条　法律に定める学校の教員は，自己の崇高な使命を深く自覚し，絶えず研究と修養に励み，その職責の遂行に努めなければならない。

2　前項の教員については，その使命と職責の重要性にかんがみ，その身分は尊重され，待遇の適正が期せられるとともに，養成と研修の充実が図られなければならない。
（家庭教育）
第十条　父母その他の保護者は，子の教育について第一義的責任を有するものであって，生活のために必要な習慣を身に付けさせるとともに，自立心を育成し，心身の調和のとれた発達を図るよう努めるものとする。
2　国及び地方公共団体は，家庭教育の自主性を尊重しつつ，保護者に対する学習の機会及び情報の提供その他の家庭教育を支援するために必要な施策を講ずるよう努めなければならない。
（幼児期の教育）
第十一条　幼児期の教育は，生涯にわたる人格形成の基礎を培う重要なものであることにかんがみ，国及び地方公共団体は，幼児の健やかな成長に資する良好な環境の整備その他適当な方法によって，その振興に努めなければならない。
（社会教育）
第十二条　個人の要望や社会の要請にこたえ，社会において行われる教育は，国及び地方公共団体によって奨励されなければならない。
2　国及び地方公共団体は，図書館，博物館，公民館その他の社会教育施設の設置，学校の施設の利用，学習の機会及び情報の提供その他の適当な方法によって社会教育の振興に努めなければならない。
（学校，家庭及び地域住民等の相互の連携協力）
第十三条　学校，家庭及び地域住民その他の関係者は，教育におけるそれぞれの役割と責任を自覚するとともに，相互の連携及び協力に努めるものとする。
（政治教育）
第十四条　良識ある公民として必要な政治的教養は，教育上尊重されなければならない。

2 法律に定める学校は，特定の政党を支持し，又はこれに反対するための政治教育その他政治的活動をしてはならない。
（宗教教育）
第十五条　宗教に関する寛容の態度，宗教に関する一般的な教養及び宗教の社会生活における地位は，教育上尊重されなければならない。
2 国及び地方公共団体が設置する学校は，特定の宗教のための宗教教育その他宗教的活動をしてはならない。

第三章　教育行政

（教育行政）
第十六条　教育は，不当な支配に服することなく，この法律及び他の法律の定めるところにより行われるべきものであり，教育行政は，国と地方公共団体との適切な役割分担及び相互の協力の下，公正かつ適正に行われなければならない。
2 国は，全国的な教育の機会均等と教育水準の維持向上を図るため，教育に関する施策を総合的に策定し，実施しなければならない。
3 地方公共団体は，その地域における教育の振興を図るため，その実情に応じた教育に関する施策を策定し，実施しなければならない。
4 国及び地方公共団体は，教育が円滑かつ継続的に実施されるよう，必要な財政上の措置を講じなければならない。
（教育振興基本計画）
第十七条　政府は，教育の振興に関する施策の総合的かつ計画的な推進を図るため，教育の振興に関する施策についての基本的な方針及び講ずべき施策その他必要な事項について，基本的な計画を定め，これを国会に報告するとともに，公表しなければならない。
2 地方公共団体は，前項の計画を参酌し，その地域の実情に応じ，当該地方公共団体における教育の振興のための施策に関する基本的な計画を定めるよう努めなければならない。

第四章　法令の制定

第十八条　この法律に規定する諸条項を実施するため，必要な法令が制定されなければならない。

中央教育審議会答申

平成26年12月21日
［概要］抄出

幼稚園，小学校，中学校，高等学校及び特別支援学校の学習指導要領等の改善及び必要な方策等について（答申）【概要】

第1部　学習指導要領等改訂の基本的な方向性
第1章　これまでの学習指導要領等改訂の経緯と子供たちの現状

（前回改訂までの経緯）
・これまで学習指導要領等は，時代の変化や子供たちの状況，社会の要請等を踏まえ，おおよそ10年ごとに，数次にわたり改訂されてきた。
・平成20年に行われた前回改訂は，教育基本法の改正により明確になった教育の目的や目標を踏まえ，知識基盤社会でますます重要になる子供たちの「生きる力」をバランス良く育んでいく観点から見直しが行われた。
　特に学力については，「ゆとり」か「詰め込み」かの二項対立を乗り越え，基礎的な知識及び技能，思考力，判断力，表現力等及び主体的に学習に取り組む態度という学力の三要素のバランスのとれた育成が重視されることとなった。教育目標や内容が見直されるとともに，習得・活用・探究という学びの過程の中で，言語活動や体験活動等を重視することとされ，そのために必要な授業時数も確保されることとなった。

（子供たちの現状と課題）
・子供たちの学力については，国内外の学力調査の結果によれば近年改善傾向にある。

子供たちの9割以上が学校生活を楽しいと感じ，保護者の8割は総合的に見て学校に満足している。こうした現状は，各学校において，学習指導要領等に基づく真摯な取組が重ねられてきたことの成果と考えられる。
・一方で，判断の根拠や理由を明確に示しながら自分の考えを述べることなどについては課題が指摘されている。学ぶことの楽しさや意義が実感できているかどうか，自分の判断や行動がよりよい社会づくりにつながるという意識を持っているかどうかという点では，肯定的な回答が国際的に見て相対的に低いことなども指摘されている。学ぶことと自分の人生や社会とのつながりを実感しながら，自らの能力を引き出し，学習したことを生活や社会の中の課題解決に生かしていくという面には課題がある。

　また，情報化の進展に伴い，子供を取り巻く情報環境が変化する中で，視覚的な情報と言葉との結びつきが希薄になり，知覚した情報の意味を吟味したり，文章の構成や内容を的確に捉えたりしながら読み解くことが少なくなっていること，教科書の文章を読み解けていないとの調査結果があることなど，読解力に関する課題等も指摘されている。
・豊かな心や人間性を育んでいく観点からは，子供たちが様々な体験活動を通じて，生命の有限性や自然の大切さ，自分の価値を認識しつつ他者と協働することの重要性などを，実感し理解できるようにする機会や，文化芸術を体験して感性を高めたりする機会が限られているとの指摘もある。

　平成27年3月に行われた道徳教育に関する学習指導要領一部改正に当たっては，多様な人々と互いを尊重し合いながら協働し，社会を形作っていく上で共通に求められるルールやマナーを学び，規範意識などを育むとともに，人としてよりよく生きる上で大切なものとは何か，自分はどのように生きるべきかなどについて考えを深め，自らの生き方を育んでいくことなどの重要性が指摘されている。
・体力については，運動する子供とそうでない子供の二極化傾向や，スポーツを「する」のみならず「みる，支える，知る」といった多様な視点から関わりを考えることが課題となっている。

　子供の健康に関しては，性や薬物等に関する情報の入手が容易になるなど，子供たちを取り巻く環境が大きく変化している。また，食を取り巻く社会環境や，子供を取り巻く安全に関する環境も変化しており，必要な情報を自ら収集し，適切に意思決定や行動選択を行うことができる力を子供たち一人一人に育むことが課題となっている。

（子供たち一人一人の成長を支え可能性を伸ばす視点の重要性）
・家庭の経済的な背景や，障害の状況や発達の段階，学習や生活の基盤となる日本語の能力，一人一人のキャリア形成など，子供の発達や学習を取り巻く個別の教育的ニーズを把握し，そうした課題を乗り越え，一人一人の可能性を伸ばしていくことも課題となっている。

第2章　2030年の社会と子供たちの未来
（予測困難な時代に，一人一人が未来の創り手となる）
・新しい学習指導要領等は，小学校では，東京オリンピック・パラリンピック競技大会が開催される2020年から，その10年後の2030年頃までの間，子供たちの学びを支える重要な役割を担うことになる。この2030年頃の社会の在り方を見据えながら，これから子供たちが活躍することとなる将来について見通した姿を考えていくことが重要となる。
・21世紀の社会は知識基盤社会であり，こうした社会認識は今後も継承されていくものであるが，近年，情報化やグローバル化

といった社会的変化が，人間の予測を超えて加速度的に進展するようになってきている。とりわけ第4次産業革命ともいわれる，進化した人工知能が様々な判断を行ったり，身近な物の働きがインターネット経由で最適化されたりする時代の到来が，社会や生活を大きく変えていくとの予測がなされている。
・社会の変化は加速度を増し，複雑で予測困難となってきており，どのような職業や人生を選択するかにかかわらず，全ての子供たちの生き方に影響するものとなっている。このような時代だからこそ，子供たちは，変化を前向きに受け止め，社会や人生を，人間ならではの感性を働かせてより豊かなものにしていくことが期待される。
・いかに進化した人工知能でも，それが行っているのは与えられた目的の中での処理であるが，人間は，感性を豊かに働かせながら，どのような未来を創っていくのか，どのように社会や人生をよりよいものにしていくのかという目的を自ら考え出すことができる。このために必要な力を成長の中で育んでいるのが，人間の学習である。
・子供たち一人一人が，予測できない変化に受け身で対処するのではなく，主体的に向き合って関わり合い，その過程を通して，自らの可能性を発揮し，よりよい社会と幸福な人生の創り手となる力を身に付けられるようにすることが重要である。
(「生きる力」の育成と，学校教育及び教育課程への期待)
・こうした力は，これまでの学校教育で育まれてきたものとは異なる全く新しい力ということではなく，学校教育が長年その育成を目指してきた「生きる力」を改めて捉え直し，しっかりと発揮できるようにしていくことである。時代の変化という「流行」の中で未来を切り拓いていくための力の基盤は，学校教育における「不易」たるものの中で育まれる。

・今はまさに，学校と社会とが認識を共有し，相互に連携することができる好機にあると言える。学校教育がその強みを発揮し，一人一人の可能性を引き出して豊かな人生を実現し，個々のキャリア形成を促し，社会の活力につなげていくことが，社会からも強く求められている。
(我が国の子供たちの学びを支え，世界の子供たちの学びを後押しする)
・子供たちの現状と未来を見据えた視野から，学校教育の中核となる教育課程の改善を目指す改革の方向性は，国際的な注目も集めているところであり，我が国の子供たちの学びを支えるとともに，世界の子供たちの学びを後押しするものとすることが期待されている。

第3章 「生きる力」の理念の具体化と教育課程の課題

1．学校教育を通じて育てたい姿と「生きる力」の理念の具体化
・教育基本法が目指す教育の目的や目標に基づき，子供たちの現状や課題を踏まえつつ，2030年とその先の社会の在り方を見据えながら，学校教育を通じて子供たちに育てたい姿を描くとすれば，以下のような在り方が考えられる。

　社会的・職業的に自立した人間として，我が国や郷土が育んできた伝統や文化に立脚した広い視野を持ち，理想を実現しようとする高い志や意欲を持って，主体的に学びに向かい，必要な情報を判断し，自ら知識を深めて個性や能力を伸ばし，人生を切り拓いていくことができること。

　対話や議論を通じて，自分の考えを根拠とともに伝えるとともに，他者の考えを理解し，自分の考えを広げ深めたり，集団としての考えを発展させたり，他者への思いやりを持って多様な人々と協働したりしていくことができること。

　変化の激しい社会の中でも，感性を豊かに働かせながら，よりよい人生や社会の在

り方を考え，試行錯誤しながら問題を発見・解決し，新たな価値を創造していくとともに，新たな問題の発見・解決につなげていくことができること。
2．「生きる力」の育成に向けた教育課程の課題
(1) 教科等を学ぶ意義の明確化と，教科等横断的な教育課程の検討・改善に向けた課題
・前回改訂において重視された学力の三要素のバランスのとれた育成や，言語活動や体験活動の重視等については，学力が全体として改善傾向にあるという成果を受け継ぎ，引き続き充実を図ることが重要である。
・一方で，子供たちの現状や課題に的確に対応していくためには，1．のような姿を描きながら「生きる力」をより具体化し，それがどのような資質・能力を育むことを目指しているのかを明確にしていくこと，それらの資質・能力と各学校の教育課程や，各教科等の授業等とのつながりがわかりやすくなるよう，学習指導要領等の示し方を工夫することが求められる。
・現行学習指導要領は，各教科等において「教員が何を教えるか」という観点を中心に組み立てられており，一つ一つの学びが何のためか，どのような力を育むものかは明確ではない。このことが，各教科等の縦割りを超えた指導改善の工夫や，指導の目的を「何を知っているか」にとどまらず「何ができるようになるか」に発展させることを妨げている背景ではないかとの指摘もある。
・各教科等において何を教えるかという内容は重要ではあるが，これまで以上に，その内容を学ぶことを通じて「何ができるようになるか」を意識した指導が求められている。新しい学習指導要領等には，各学校がこうした教育課程の検討・改善や，創意工夫にあふれた指導の充実を図ることができるよう，示し方を工夫していくことが求められる。

(2) 社会とのつながりや，各学校の特色づくりに向けた課題
・コミュニティ・スクールや地域学校協働活動等の推進による学校と地域の連携・協働を更に広げていくためには，学校教育を通じて育むことを目指す資質・能力や，学校教育と社会とのつながりについて，地域と学校が認識を共有することが求められる。また，学校教育に「外の風」，すなわち，変化する社会の動きを取り込み，世の中と結び付いた授業等を展開していけるようにすることも重要である。
・そのため，教育課程の基準である学習指導要領等が，学校教育の意義や役割を社会と広く共有したり，学校経営の改善に必要な視点を提供したりするものとして見直されていく必要がある。
(3) 子供たち一人一人の豊かな学びの実現に向けた課題
・子供たち一人一人は，多様な可能性を持った存在であり，一人一人が互いの異なる背景を尊重し，様々な得意分野の能力を伸ばしていくこと，社会で生きていくために必要となる力をバランス良く身に付けていけるようにすることが重要である。
・我が国が平成26年に批准した「障害者の権利に関する条約」において提唱されているインクルーシブ教育システムの理念の推進に向けても，一人一人の子供たちが，障害の有無やその他の個々の違いを認め合いながら，共に学ぶことを追求することが求められる。
・また，子供たち一人一人に，社会的・職業的自立に向けて必要な基盤となる能力や態度を育み，キャリア発達を促すキャリア教育の視点も重要である。
(4) 学習評価や条件整備等との一体的改善・充実に向けた課題
・新しい学習指導要領等の理念を実現していくためには，学習評価の改善・充実や，必要な条件整備などを，教育課程の改善の方

向性と一貫性を持って実施していくことが必要である。

第4章　学習指導要領等の枠組みの改善と「社会に開かれた教育課程」

1．「社会に開かれた教育課程」の実現
・前章において述べた教育課程の課題を乗り越え，子供たちの日々の充実した生活を実現し，未来の創造を目指していくためには，「社会に開かれた教育課程」として次の点が重要になる。
　①社会や世界の状況を幅広く視野に入れ，よりよい学校教育を通じてよりよい社会を創るという目標を持ち，教育課程を介してその目標を社会と共有していくこと。
　②これからの社会を創り出していく子供たちが，社会や世界に向き合い関わり合い，自らの人生を切り拓いていくために求められる資質・能力とは何かを，教育課程において明確化し育んでいくこと。
　③教育課程の実施に当たって，地域の人的・物的資源を活用したり，放課後や土曜日等を活用した社会教育との連携を図ったりし，学校教育を学校内に閉じずに，その目指すところを社会と共有・連携しながら実現させること。

2．学習指導要領等の改善の方向性
(1)　学習指導要領等の枠組みの見直し
(「学びの地図」としての枠組みづくりと，各学校における創意工夫の活性化)
・新しい学習指導要領等に向けては，以下の6点に沿って枠組みを考えていくことが必要となる。
　①「何ができるようになるか」（育成を目指す資質・能力）
　②「何を学ぶか」（教科等を学ぶ意義と，教科等間・学校段階間のつながりを踏まえた教育課程の編成）
　③「どのように学ぶか」（各教科等の指導計画の作成と実施，学習・指導の改善・充実）
　④「子供一人一人の発達をどのように支援するか」（子供の発達を踏まえた指導）
　⑤「何が身に付いたか」（学習評価の充実）
　⑥「実施するために何が必要か」（学習指導要領等の理念を実現するために必要な方策）
（新しい学習指導要領等の考え方を共有するための，総則の抜本的改善）
・学習指導要領等の改訂においては，総則の位置付けを抜本的に見直し，前述①～⑥に沿った章立てとして組み替え，全ての教職員が校内研修や多様な研修の場を通じて，新しい教育課程の考え方について理解を深めることができるようにすることが重要である。
(2)　教育課程を軸に学校教育の改善・充実の好循環を生み出す「カリキュラム・マネジメント」の実現
・「社会に開かれた教育課程」の理念のもと，子供たちに資質・能力を育んでいくためには，前項(1)①～⑥に関わる事項を各学校が組み立て，家庭・地域と連携・協働しながら実施し，目の前の子供たちの姿を踏まえながら不断の見直しを図ることが求められる。こうした「カリキュラム・マネジメント」は，以下の三つの側面から捉えることができる。
　①各教科等の教育内容を相互の関係で捉え，学校教育目標を踏まえた教科等横断的な視点で，その目標の達成に必要な教育の内容を組織的に配列していくこと。
　②教育内容の質の向上に向けて，子供たちの姿や地域の現状等に関する調査や各種データ等に基づき，教育課程を編成し，実施し，評価して改善を図る一連のPDCAサイクルを確立すること。
　③教育内容と，教育活動に必要な人的・物的資源等を，地域等の外部の資源も含めて活用しながら効果的に組み合わせること。
(3)　「主体的・対話的で深い学び」の実現

（「アクティブ・ラーニング」の視点）
・子供たちが，学習内容を人生や社会の在り方と結びつけて深く理解し，これからの時代に求められる資質・能力を身に付け，生涯にわたって能動的に学び続けることができるよう，「主体的・対話的で深い学び」の実現に向けて，授業改善に向けた取組を活性化していくことが重要である。
・今回の改訂が目指すのは，学習の内容と方法の両方を重視し，子供の学びの過程を質的に高めていくことである。単元や題材のまとまりの中で，子供たちが「何ができるようになるか」を明確にしながら，「何を学ぶか」という学習内容と，「どのように学ぶか」という学びの過程を組み立てていくことが重要になる。

第5章　何ができるようになるか －育成を目指す資質・能力－

1. 育成を目指す資質・能力についての基本的な考え方
・育成を目指す資質・能力に共通する要素を明らかにし，教育課程の中で計画的・体系的に育んでいくことができるようにする必要がある。

2. 資質・能力の三つの柱に基づく教育課程の枠組みの整理
・教科等と教育課程全体の関係や，教育課程に基づく教育と資質・能力の育成の間をつなぎ，求められる資質・能力を確実に育むことができるよう，教科等の目標や内容を以下の三つの柱に基づき再整理することが必要である。
　①「何を理解しているか，何ができるか（生きて働く「知識・技能」の習得）」
　②「理解していること・できることをどう使うか（未知の状況にも対応できる「思考力・判断力・表現力等」の育成）」
　③「どのように社会・世界と関わり，よりよい人生を送るか（学びを人生や社会に生かそうとする「学びに向かう力・人間性等」の涵養）」

3. 教科等を学ぶ意義の明確化
・子供たちに必要な資質・能力を育んでいくためには，各教科等をなぜ学ぶのか，それを通じてどういった力が身に付くのかという，教科等を学ぶ本質的な意義を明確にすることが必要になる。各教科等の教育目標や内容については，第2部において示すとおり，資質・能力の在り方を踏まえた再編成を進めることが必要である。
・各教科等を学ぶ本質的な意義の中核をなすのが「見方・考え方」であり，教科等の教育と社会をつなぐものである。子供たちが学習や人生において「見方・考え方」を自在に働かせられるようにすることにこそ，教員の専門性が発揮されることが求められる。

4. 教科等を越えた全ての学習の基盤として育まれ活用される資質・能力
・全ての学習の基盤となる言語能力や情報活用能力，問題発見・解決能力などを，各学校段階を通じて体系的に育んでいくことが重要である。

5. 現代的な諸課題に対応して求められる資質・能力
・現代的な諸課題に対応して，子供の姿や地域の実情を踏まえつつ，以下のような力を育んでいくことが重要となる。
　　健康・安全・食に関する力
　　主権者として求められる力
　　新たな価値を生み出す豊かな創造性
　　グローバル化の中で多様性を尊重するとともに，現在まで受け継がれてきた我が国固有の領土や歴史について理解し，伝統や文化を尊重しつつ，多様な他者と協働しながら目標に向かって挑戦する力
　　地域や社会における産業の役割を理解し地域創生等に生かす力
　　自然環境や資源の有限性等の中で持続可能な社会をつくる力
　　豊かなスポーツライフを実現する力

6. 資質・能力の育成と，子供たちの発達や

成長のつながり
- 今回の改訂における教育課程の枠組みの整理は，各教科等で学ぶことを単に積み上げるのではなく，発達の段階に応じた縦のつながりと，各教科等の横のつながりを行き来しながら，教育課程の全体像を構築していくことを可能とするものである。
- 資質・能力の育成に当たっては，子供一人一人の興味や関心，発達や学習の課題等を踏まえ，それぞれの個性に応じた学びを引き出し，一人一人の資質・能力を高めていくことも重要となる。

第6章　何を学ぶか ―教科等を学ぶ意義と，教科等間・学校段階間のつながりを踏まえた教育課程の編成―

- 様々な資質・能力は，教科等の学習から離れて単独に育成されるものではなく，関連が深い教科等の内容事項と関連付けながら育まれるものであり，資質・能力の育成には知識の質や量が重要である。こうした考えに基づき，今回の改訂は，学びの質と量を重視するものであり，学習内容の削減を行うことは適当ではない。
- 教科・科目構成については，第2部に示すとおり，初等中等教育全体を通じた資質・能力育成の見通しの中で，小学校における外国語教育については，教科の新設等を行い，また，高等学校においては，国語科，地理歴史科その他の教科について，初等中等教育を修了するまでに育成を目指す資質・能力の在り方や，高等学校教育における「共通性の確保」及び「多様性への対応」の観点を踏まえつつ，科目構成の見直しを行うことが必要である。
- 幼稚園教育要領においては，ねらいや内容をこれまで通り領域別に示しつつ，資質・能力の三つの柱に沿って内容の見直しを図ることや，「幼児期の終わりまでに育ってほしい姿」を位置付けることが必要である。

第7章　どのように学ぶか ―各教科等の指導計画の作成と実施，学習・指導の改善・充実―

1. 学びの質の向上に向けた取組
- 子供たちは，主体的に，対話的に，深く学んでいくことによって，学習内容を人生や社会の在り方と結びつけて深く理解したり，未来を切り拓(ひら)くために必要な資質・能力を身に付けたり，生涯にわたって能動的に学び続けたりすることができる。こうした学びの質に着目して，授業改善の取組を活性化しようというのが，今回の改訂が目指すところである。
- 特に小・中学校では，多くの関係者による授業改善の実践が重ねられてきている。他方，高等学校，特に普通科においては，自らの人生や社会の在り方を見据えてどのような力を主体的に育むかよりも，大学入学者選抜に向けた対策が学習の動機付けとなりがちであることが課題となっている。今後は，特に高等学校において，義務教育までの成果を確実につなぎ，一人一人に育まれた力を更に発展・向上させることが求められる。

2. 「主体的・対話的で深い学び」を実現することの意義

（「主体的・対話的で深い学び」とは何か）
- 「主体的・対話的で深い学び」の実現とは，特定の指導方法のことでも，学校教育における教員の意図性を否定することでもない。教員が教えることにしっかりと関わり，子供たちに求められる資質・能力を育むために必要な学びの在り方を絶え間なく考え，授業の工夫・改善を重ねていくことである。
- 「主体的・対話的で深い学び」の実現とは，以下の視点に立った授業改善を行うことで，学校教育における質の高い学びを実現し，学習内容を深く理解し，資質・能力を身に付け，生涯にわたって能動的（アクティブ）に学び続けるようにすることである。
① 学ぶことに興味や関心を持ち，自己のキャリア形成の方向性と関連付けなが

ら，見通しを持って粘り強く取り組み，自己の学習活動を振り返って次につなげる「主体的な学び」が実現できているか。
② 子供同士の協働，教職員や地域の人との対話，先哲の考え方を手掛かりに考えること等を通じ，自己の考えを広げ深める「対話的な学び」が実現できているか。
③ 習得・活用・探究という学びの過程の中で，各教科等の特質に応じた「見方・考え方」を働かせながら，知識を相互に関連付けてより深く理解したり，情報を精査して考えを形成したり，問題を見いだして解決策を考えたり，思いや考えを基に創造したりすることに向かう「深い学び」が実現できているか。

（各教科等の特質に応じた学習活動を改善する視点）
・「アクティブ・ラーニング」については，地域や社会の具体的な問題を解決する学習を指すものと理解されることがあるが，例えば国語や各教科等における言語活動や，社会科において課題を追究し解決する活動，理科において観察・実験を通じて課題を探究する学習，体育における運動課題を解決する学習，美術における表現や鑑賞の活動など，全ての教科等における学習活動に関わるものであり，これまでも充実が図られてきたこうした学習を，更に改善・充実させていくための視点であることに留意が必要である。
・こうした学習活動については，今までの授業時間とは別に新たに時間を確保しなければできないものではなく，現在既に行われているこれらの活動を，「主体的・対話的で深い学び」の視点で改善し，単元や題材のまとまりの中で指導内容を関連付けつつ，質を高めていく工夫が求められている。
（単元等のまとまりを見通した学びの実現）
・「主体的・対話的で深い学び」は，1単位時間の授業の中で全てが実現されるものではなく，単元や題材のまとまりの中で実現されていくことが求められる。
（「深い学び」と「見方・考え方」）
・学びの「深まり」の鍵となるのが，各教科等の特質に応じた「見方・考え方」である。「見方・考え方」は，新しい知識・技能を既に持っている知識・技能と結びつけながら深く理解し，社会の中で生きて働くものとして習得したり，思考力・判断力・表現力を豊かなものとしたり，社会や世界にどのように関わるかの視座を形成したりするために重要なものである。「見方・考え方」を軸としながら，幅広い授業改善の工夫が展開されていくことを期待する。

3. 発達の段階や子供の学習課題等に応じた学びの充実
・「主体的・対話的で深い学び」の具体的な在り方は，発達の段階や子供の学習課題等に応じて様々である。基礎的・基本的な知識・技能の習得に課題が見られる場合には，子供の学びを深めたり主体性を引き出したりといった工夫を重ねながら，確実な習得を図ることが求められる。
・体験活動を通じて，様々な物事を実感を伴って理解したり，人間性を豊かにしたりしていくことも求められる。加えて，子供たちに情報技術を手段として活用できる力を育むためにも，学校において日常的にICTを活用できるような環境づくりが求められる。

学習指導要領改訂の方向性

新しい時代に必要となる資質・能力の育成と、学習評価の充実

何ができるようになるか

- 生きて働く知識・技能の習得
- 学びを人生や社会に生かそうとする学びに向かう力・人間性の涵養
- 未知の状況にも対応できる思考力・判断力・表現力等の育成

何を学ぶか

よりよい学校教育を通してよりよい社会を創るという目標を共有し、社会と連携・協働しながら、未来の創り手となるために必要な資質・能力を育む「社会に開かれた教育課程」の実現

各学校における「カリキュラム・マネジメント」の実現

新しい時代に必要となる資質・能力を踏まえた教科・科目等の新設や目標・内容の見直し

- 小学校の外国語教育の教科化、高校の新科目「公共」の新設など
- 各教科等で育む資質・能力を明確化し、目標や内容を構造的に示す

学習内容の削減は行わない※

どのように学ぶか

主体的・対話的で深い学び（「アクティブ・ラーニング」）の視点からの学習過程の改善

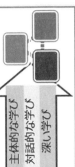

- 主体的な学び
- 対話的な学び
- 深い学び

生きて働く知識・技能の習得など、新しい時代に求められる資質・能力を育成
知識の量を削減せず、質の高い理解を図るための学習過程の質的改善

※知識的教育については、基本は事実的な知識の暗記が大学入学者選抜に置かれることが課題になっており、そうした点を克服するため、新たに主権を含めて高大接続改革等を進める。

索　引

［人　名］

アリストテレス　126
エリクソン, E. H.　23, 24
大村はま　34
ギュスドルフ, J.　18
金八先生　17
ソクラテス　117, 118
俵万智　32
テンニェス　76
坂東眞理子　119
プラトン　18, 117, 126
フレーベル　1
ヘーゲル　6
森田洋司　49
モンテスキュー　126
山田詠美　134
ワトソン, J. B.　20

［事　項］

ADHD　92
AI　2, 13, 37, 44, 125, 129
ICT　2, 129
ILO　107
LD　92
LGBT　59
LINE　14, 54, 90
OECD（経済協力開発機構）　6, 9
PDCAサイクル　67, 79
SDGs　125
SNS　13, 37, 43, 44, 54, 83
UNESCO　122

■あ行

愛着　24, 26
アクティブ・ラーニング　57, 113
アスペルガー症候群　95, 96
安全基地　24, 26, 28, 35
いい子　19, 77
いじめ　37, 42-48, 54
居場所　77, 78
居間　76
インクルーシブ教育　103
ウェブ　13, 14

■か行

カウンセリングマインド　81
学習指導　9, 36, 80, 101, 107
学習指導案　71, 72
学習指導要領　62, 65-67, 75, 113
学習障害　95, 96
学級（クラス）　74-79, 82
学級王国　11
学級通信　83, 85
学級日誌　82
学校カースト制度　45
学校教育法　36, 40, 62, 78, 93, 131
家庭　76, 77, 79, 80
カリキュラム　61, 63-68, 72, 75, 113
カリキュラム・マネジメント　64, 67, 79
疑似体験　47, 48, 59
教育課程　61-63, 75
教育基本法　6, 36, 62, 106, 108-110, 119, 121, 129, 131
教育実習　4, 5, 131
教育職員免許状（教免状）　110, 131
教育勅語　108-110
教育的ニーズ　91, 92, 101, 102
教育ニーズ　113
教員育成協議会　112, 113
教科書　28, 62, 65, 66, 69, 70, 72, 100
教材研究　14, 72
教職課程　113, 131, 134
共生社会　19
クラス　75
グローバル化　99, 101
ゲゼルシャフト　76
ゲマインシャフト　76
交換日記　13

151

高機能自閉症　92
校則　29, 30, 40
公立学校教員採用候補者選考試験　131
子どもっぽさ　21
子どもの貧困対策の推進に関する法律　102
子どもらしさ　21
　　■さ行
座席表　81
サラマンカ宣言　92
自己開示　29
児童相談所　77
師範学校　108
自閉症　95, 96
授業研究　70
主体的・対話的で深い学び　113
小１プロブレム　26
生涯学習　119-121, 127, 129
女性原理　35
私学教員適性検査　133
新任教師　51, 52, 55, 58
進路指導　16, 40-42
スクールカウンセラー　46
スクールソーシャルワーカー　102
ストレス　88
聖職者　5, 6, 105-108
性的マイノリティ　98, 99
生徒指導　9, 27-30, 36, 40-43, 47, 75, 80
生徒指導提要　79
世界人権宣言　122
セーフティーネット　45
センス・オブ・ワンダー　21
専門職　108
専門的職業　107
　　■た行
ダイバーシティ　116, 118, 123
ダイバーシティインクルーシブ　119

男性原理　35
「チームとしての学校」　9, 37, 39, 43, 46, 48, 58, 113
注意欠陥多動性障害　95
中１ギャップ　26
ツイッター　14, 32, 83
特別支援学校　92-95
特別支援教育　91-94, 103
　　■な行
日本国憲法　6, 36, 100, 106, 109, 121, 131
日本教職員組合　106
　　■は行
パイデイア　105
発達課題　24, 25
発達障害　95-97
発達段階　31, 47
バーンアウト　89, 91
父性原理　35
フロー体験　33
母性原理　35
ホームルーム　75, 76
　　■ま行
学びからの逃走　21
学びの地図　61
学びの疎外　31, 66
メンタルヘルス　86, 90, 91
モンスターペアレント　89, 135
　　■や行
ゆとり教育　63
ユネスコ　107, 125
夜回り先生　47
　　■ら行
リセ（：フランス）　128
臨時教育審議会　123
労働基準法　6

【執筆者】

小池　俊夫（こいけ としお）［編著：プロローグ・1章・6章・8章・エピローグ］
教育家
1949年東京都生まれ。聖心女子学院初・中・高等科　四国学院大学，（財）日本私学教育研究所を経て，2014年 昭和女子大学教授で定年。現在も成蹊大学非常勤講師として，教職課程で学生と向き合う。著書には『モテる子モテない子』（評論社），『子どもの犯罪と刑罰』（明治図書），『新訂版 教職論』（共編著・学文社）など。

長野　雅弘（ながの まさひろ）［編著：3章・4章・9章］
松本大学客員教授，松商学園高等学校校長
1956年生まれ。大学外国語学部卒業後，20年以上高等学校にて教鞭を執る。その後，私立中学校・高等学校校長職を約15年（4校）務める。その間，私立学校協会役員や地方自治体各種審議会委員を歴任。聖徳大学児童学部教授（6期），東京都市大学共通教育部客員教授・東京都市大学付属中学校・高等学校校長を経て，現職。学校法人松商学園理事，日本アクティブ・ラーニング学会理事，一般社団法人次世代教育研究協会代表。英和辞典，和英辞典，高校生用英語教科書と教師用指導書（すべて三省堂），『驚異の復習継続法』（パンローリング社），『思春期の学力を伸ばし，心を育てる45の言葉』（学研教育出版）など，約50冊の著作物がある。教育方法学や教育心理学での論文や寄稿が20本以上ある。

緩利　誠（ゆるり まこと）［2章・5章］
昭和女子大学准教授

杉浦　誠（すぎうら まこと）［7章］
常葉大学准教授

次代を創る教師論

2018年9月10日　第1版第1刷発行
2023年2月15日　第1版第2刷発行

編　著　小池俊夫・長野雅弘

発行者　田中　千津子
発行所　株式会社 学文社

〒153-0064　東京都目黒区下目黒3-6-1
電話　03（3715）1501 代
FAX　03（3715）2012
https://www.gakubunsha.com

©Toshio KOIKE / Masahiro NAGANO　2018
乱丁・落丁の場合は本社でお取替えします。
定価はカバーに表示。

印刷　新灯印刷

ISBN 978-4-7620-2810-6